Come fare Trading in un Range

I0481546

Trading sul Mercato Più Interessante del Mondo

Tradotto dalla versione originale Inglese in Italiano

Heikin Ashi Trader

DAO PRESS

Sommario

1. Introduzione al Trading in un Range

I trader di solito parlano di mercati in trend e "non in trend" a seconda delle condizioni di mercato. Sembra quindi che essi guadagnino denaro quando il mercato è in un trend e che evitino di operare in quelli non in trend, dove non c'è niente da fare.

Questa visione è la logica conseguenza di una filosofia di mercato che osserva il comportamento dei mercati finanziari principalmente a partire dall'aspetto del trend. Questo è, a mio parere, un punto di vista sul quale i trader dovrebbero interrogarsi. Quello che gli operatori percepiscono come "trend" su un grafico, spesso non è niente di più di una rara anomalia.

La regola è che i mercati finanziari operano prevalentemente in zone non in trend, difficilmente definibili. Talvolta sembra che i partecipanti al mercato assumano un atteggiamento di attesa. È vero che anche qui i contratti cambiano i proprietari, causando una certa volatilità. Tuttavia, queste transazioni non sono abbastanza ampie da innescare un movimento significativo che i trader possono identificare come "trend".

I trader effettuano acquisti e vendite come al solito, ma lo fanno a prezzi a cui i giocatori sul mercato sembrano essere unanimi. Ci sono anche massimi e minimi, ma questi sono limitati anche se il trader può identificarli sul grafico. Questi estremi formano quindi i prezzi più bassi o più alti che i partecipanti al mercato sono disposti a pagare. Quando i prezzi raggiungono questi estremi, l'operatore vedrà che il mercato fa un giro di 180 gradi avviandosi verso l'estremo opposto.

Nel linguaggio del trader, si parla in questo caso di mercato laterale (sydeways) o di trading range. Poiché la maggior parte degli operatori sono orientati verso il trend, essi evitano tali fasi di mercato o chiudono le posizioni in cui il mercato si muove in questo modo. Poi aspettano che arrivi il prossimo "segnale". Questi trader sperano che il mercato si muova e riprenda il trend precedente.

Non voglio criticare tale modo di pensare. È una filosofia legittima e probabilmente redditizia, che, ovviamente, funziona particolarmente bene quando i mercati sono prevalentemente in un trend. Tuttavia, se questo non si verifica, il trader potrebbe avere qualche difficoltà a raggiungere i suoi obiettivi.

Per illustrare più da vicino il problema, un semplice sguardo al cambio EUR / USD ci fornirà qualche spiegazione.

Immagine 1: EUR/USD, Grafico Giornaliero, da Maggio 2015 a Ottobre 2016

L'immagine mostra il trading su EUR/USD in un periodo di circa 16 mesi. Senza dubbio, ci sono stati movimenti di trend verso il basso o verso l'alto sui quali un operatore avrebbe potuto agire con profitto. Osservando più da vicino, tuttavia, ci si accorge rapidamente che il cambio non è stato in trend per la maggior parte del tempo, ma si è semplicemente mossa lateralmente.

Ho segnato alcuni di questi periodi laterali nel grafico in giallo. Se si conta il numero di giorni di trading in cui il mercato è stato in questa "modalità senza trend", ci si rende ovviamente conto che si tratta della maggioranza dei giorni. In altre parole, il trend è l'eccezione, mentre i mercati laterali sono la regola.

Ora, alcuni lettori potrebbero accusarmi di aver deliberatamente selezionato una fase laterale di EUR/USD.

Immagine 1: EUR/USD, Grafico Giornaliero, da Giugno 2014 a Febbraio 2015

Chiunque osservi il periodo giugno 2014 – febbraio 2015 in EUR/USD vedrà senza dubbio un "trend" chiaramente rivolto verso il basso. Questo è difficile da negare. Guardando più da vicino, tuttavia, si può vedere che EUR/USD si è anche mosso lateralmente nella maggior parte dei giorni di trading (zone gialle nel grafico). I giorni in cui il mercato è andato chiaramente nella direzione del trend rappresentano la minoranza.

Visto dall'alto gli operatori sul mercato sembrano guidare il cambio verso il basso. Vendono euro e acquistano dollari. Affinché questo orientamento fornisca effettivamente un guadagno, però, il trader necessita di una buona dose di pazienza. In alcuni di questi periodi laterali all'interno del "trend" c'è voluto più di un mese prima che il mercato si ripresentasse nella direzione desiderata.

Un investitore o un operatore che agisce nel medio o lungo termine, può contare su questo apprezzamento del dollaro e aspettare con fiducia. Tuttavia, la domanda è: vale lo stesso per un operatore di breve termine che vuole guadagnare soldi facendo trading sulle valute?

Malgrado questa constatazione, la maggior parte delle strategie di trading a breve termine si basa sul modello di trend following, anche se è dimostrato che questo è difficilmente attuabile. La maggior parte dei trader che conosco sono più o meno alla ricerca di una mossa migliore. Sia che si definiscano trader di giornata, scalper o qualsiasi altra cosa.

La sera (o nel fine settimana), quando tutto è detto e fatto sul mercato, i trader si chiedono perché non sono riusciti a fare una buona mossa durante la giornata, anche se sembrava evidente guardando il grafico.

Questo succede perché suppongono che soddisferanno meglio i propri obiettivi finanziari se faranno una buona e grande mossa ogni tanto. Poi dicono: "Avrò successo come trader".

Allo stesso tempo esistono piccoli gruppi specializzati di operatori che non si preoccupano di queste tendenze, ma fanno esattamente il contrario: si tratta di trading senza trend. È comprensibile. Se si osserva un grafico finanziario da principianti, l'occhio cade in primo luogo sui grandi movimenti che si verificano di volta in volta. Inoltre, i principianti si chiedono: "Cosa dovrei fare per trarre beneficio da un movimento del genere?"

È interessante notare che la grande maggioranza della letteratura di trading riguarda principalmente l'individuazione del trend. Ciò vale non solo per i libri che si riferiscono esplicitamente alla tecnica del trend following, ma anche per la maggior parte dei libri relativi al trading intraday. Sebbene il trading a breve termine sia una cosa diversa rispetto al trend following o all'investimento, si tratta principalmente di definire come cogliere le "grandi" mosse intraday. Quando si parla con i trader di giornata ci si rende conto che la maggior parte di loro trascorrono il loro tempo alla ricerca di questo tipo di movimento di mercato.

Tuttavia, esiste un'alternativa a questo tipo di caccia al trend. Lo definisco **trading in un range**, anche se può apparire in varianti piuttosto diverse. Prima di iniziare a scrivere questo libro, ho consultato la letteratura di trading su ciò che gli altri operatori dicono in merito all'argomento. È interessante notare che non esiste quasi nessun libro che si occupi esplicitamente di questo argomento, anche se i mercati di trading in un range o laterali rappresentano per certo oltre il 70% del tempo di mercato!

L'unico libro che si riferisce esplicitamente a questo argomento è di Al Brooks ed ha un titolo un po' ingombrante: *Trading Price Action Trading Ranges: technical Analysis of Price Charts Bar by Bar for the Serious Trader*. Nel volume pubblicato nel 2012 da Wiley, Brooks descrive come fare trading con i pullback e i breakout dal range ma il come fare trading in un range viene affrontato rapidamente e concluso in tre brevi capitoli.

Come si può vedere, il modello del trading in un trend è cementato così profondamente nella mente della maggior parte dei cervelli dei trader che essi praticamente non riescono a fare altrimenti.

Vorrei sottolineare che questa è una strategia di trading molto valida e molto interessante. Non intendo trattare in modo esaustivo l'argomento. L'idea che i mercati laterali potrebbero essere anche più interessanti dei mercati in trend l'ho concepita solo gradualmente. Sono stato affascinato dalle tendenze e volevo trarre il massimo profitto da loro. Mi è diventato chiaro, dopo un po', che il trading in un trend non è così facile come può sembrare a prima vista. Tuttavia, non ho veramente nessuna soluzione a questo problema. Sono semplicemente andato a cercare altri modi o strategie per "fare trading in trend". E ce ne sono migliaia.

Tuttavia, per quanto riguarda il trading di mercato in un range, è complicato trovare letteratura in merito (in realtà non ne esiste proprio). Ogni tanto, si può trovare una pagina su Internet che si occupa di questo. Purtroppo, questi autori ripetono lo stesso slogan: il trader dovrebbe comprare il supporto e vendere la resistenza. Ecco tutto!

Ma come si identificano i supporti e le resistenze? Come disegnare correttamente le linee di supporto e le linee di resistenza perché l'intervallo sia identificabile? Quali segnali dovrebbe considerare il trader e quali dovrebbe invece evitare? Come e da dove uscire dal range? E cosa fare se il trade non ha ancora colpito l'obiettivo del prezzo?

Queste sono le questioni reali con cui ha a che fare il trader e questo libro le tratta ampiamente. Vorrei che il lettore leggesse attentamente!

2. Cos'è un Mercato in Range?

Immagine 3: Mercato in Range

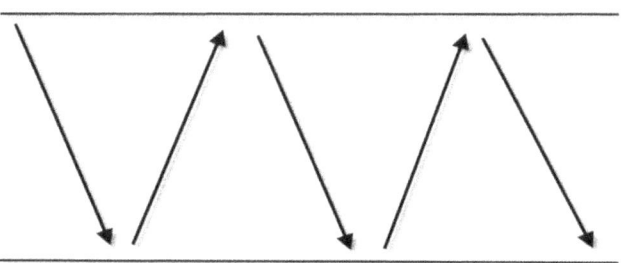

L'immagine 3 ci mostra, semplicemente con un disegno, che cos'è un mercato in range. Il prezzo si muove avanti e indietro tra due aree estreme. Queste aree definiscono il limite del range:

Limite superiore (linea orizzontale superiore): resistenza

Limite inferiore (linea orizzontale inferiore): supporto

Tuttavia, possiamo identificare un range solo quando il mercato tocca almeno due volte la resistenza e il supporto.

Immagine 4: US T-Note 10 Future, Grafico Orario, Dal 19 Al 21 Luglio 2017

L'immagine 4 mostra uno screenshot del T-Note Futures, il future americano sui titoli di stato scadenza a dieci anni. Sulla sinistra del grafico ho segnato i primi due punti verso l'alto e verso il basso con una freccia. Dopo il secondo test del supporto, il range comincia ad esistere. In generale, più ci sono punti di contatto con la linea di supporto o con la linea di resistenza, più significativo (o più forte) diventa il range.

Inoltre, diventa più difficile interrompere il range. In altre parole, ci vuole un qualche tipo di catalizzatore (notizie economiche importanti o un sacco di soldi) per fare in modo che un breakout del range possa avere successo. Questo è accaduto nell'esempio precedente alla resistenza (candele bianche all'estrema destra del grafico). Tuttavia, vi era stato un primo tentativo il giorno prima, che era fallito. Dopo poche ore, il mercato è ritornato all'interno del range, che pertanto proseguiva. Vorrei ora discutere di come affrontare uno scenario di questo tipo.

Si potrebbe anche dire che il mercato è ingabbiato tra un livello di supporto (dove i compratori sono più propensi a riaffacciarsi) e un livello di resistenza (dove emergono più venditori). I mercati poi saltano avanti e indietro tra le due aree come una palla da ping-pong.

Proprio come in un intervallo, una volta identificato, esso inizia e un giorno finirà. Questo accade per un breakout del range. Come già detto: ci possono essere diversi tentativi falliti per un breakout del range. A un certo punto, un breakout avrà successo, e poi il range terminerà.

Non conosco alcun metodo per prevedere la fine di un range, proprio come non posso prevedere il futuro di un mercato. Tutto quello che posso dire è che ad un certo momento il trader si rende conto che si verifica un breakout del range e che il mercato non ritornerà più al suo interno.

Tuttavia, il trader attento deve anche rendersi conto che i mercati si riprendono dopo l'esaurimento di un range durato un po' di tempo. Mostrerò ora alcuni esempi.

L'idea di base del trading è quella di aprire posizioni di acquisto nell'area di supporto e di chiuderle non appena il mercato raggiunge il limite massimo del range. Al contrario, i trader possono aprire posizioni short e chiuderle non appena il mercato raggiunge la linea di supporto.

L'operatore può ripetere la strategia finché il mercato rimane all'interno del range.

I vantaggi di questo approccio sono evidenti:

- Esiste sempre un numero illimitato di trading range in tutti i mercati finanziari.

- Il trading all'interno del range definisce chiaramente il punto di ingresso e il punto di uscita (buy or sell): limite superiore o inferiore del range.

- L'obiettivo di prezzo è sempre l'altro lato del range: per le posizioni long, il limite superiore; per quelle short, il limite inferiore.

- Il trading in range definisce chiaramente il rapporto rischio / rendimento. Il trader sa esattamente quanto può vincere con il trade. Se l'altro lato è a 100 punti dall'ingresso, il profitto massimo sarà di 100 punti.

- Quindi, il trading in range definisce molto chiaramente anche il rischio. Se il trader può vincere 100 punti e vuole lavorare con un rapporto di rischio / rendimento di 1:2, il suo stop deve essere 50 punti sotto il livello di ingresso dell'acquisto.

- Il trading in range ha spesso un tasso di successo superiore al 50%. Il trader può quindi scegliere un rapporto "rischio/rendimento" più povero e continuare a operare con profitto.

Un rapporto di rischio/rendimento più povero può significare che egli rischia esattamente quanti punti desidera raggiungere. Nell'esempio precedente, potrebbe decidere di mettere lo stop a 100 punti dal livello di ingresso, anche se ha solo un obiettivo a 100 punti. In questo caso, l'operatore lavora con un rapporto rischio / rendimento di 1:1. Servirebbe almeno un tasso di successo del 51% per operare con profitto (prima delle commissioni).

Non critico questo approccio. Ci possono essere buone ragioni per cui un trader sceglie un modello di questo tipo. Il vantaggio è ovvio: il mercato colpirà meno spesso. Se perde, però, l'operatore perderà due volte di più che nel modello 1:2.

Non dobbiamo tuttavia trascurare il fatto che le strategie del trading in range, come per qualsiasi altra strategia, comportano alcuni svantaggi:

- Il trading in range limita inizialmente l'utile in base all'obiettivo di prezzo chiaramente definito.

- I mercati non sempre rispettano i limiti esistenti nel range.

- Le rotture del range, che avvengono nella direzione opposta a quella della posizione del trader, portano a delle perdite.

- Il mercato non sempre colpisce l'obiettivo di prezzo, e questo naturalmente riduce il profitto complessivo.

- I trader non possono sempre identificare chiaramente il range.

Discuterò tutti questi punti nei dettagli su come identificare un range. Inoltre, mi concentrerò sul problema del falso breakout dal range utilizzando diversi esempi. Inoltre, entrerò in dettaglio sulla questione del rapporto rischio / rendimento, che svolge un ruolo altrettanto importante. Infine, gran parte del successo di trading scaturisce dalla giusta combinazione di rendimenti, rischi e opportunità. Discuterò anche del perché i trader possano utilizzare questa formula in modo eccellente nel trading in range.

3. Guardate a Sinistra!

Nelle conversazioni con i trader, guardando i grafici ho notato ripetutamente come pochi di loro guardino a sinistra. Cosa intendo per questo?

Su un grafico finanziario, la linea temporale si muove sempre da sinistra a destra (in Cina, mi è stato detto che dovrebbe essere dall'altro verso, ma questo è, naturalmente, uno scherzo da trader!). Pertanto, se vogliamo sapere cosa è successo in passato, dovremmo guardare a sinistra.

Naturalmente, nonostante la chiara evoluzione dei prezzi sul lato sinistro del grafico, non possiamo prevedere la tendenza futura dei prezzi, per quanto ciò possa sembrare desiderabile. Ciononostante, esiste qualcosa di simile ad una **memoria del mercato**. Questo significa che i giocatori del mercato sembrano "ricordare" i livelli di prezzo chiave (per lo più massimi e minimi) degli ultimi giorni. Con "ricordi", intendo solo che non appena il mercato torna a questo livello, i partecipanti al mercato percepiscono un livello tale da essere più o meno significativo. Non c'è da meravigliarsi, perché questi livelli sono praticamente l'unica cosa tangibile nel bel mezzo di un caos di dati che sembrano funzionare senza senso sullo schermo.

Ad esempio, se EUR/USD del giorno precedente ha raggiunto un livello elevato a 1.1420, ci si può aspettare che gli operatori ricordino questo avvenimento non appena il mercato raggiunge nuovamente lo stesso livello. La domanda rimane tacita: il mercato si invertirà a questo punto? In alternativa, è possibile andare oltre questo livello oggi? Lo stesso vale, naturalmente, per i minimi.

I livelli possono rimanere significativi per diversi giorni e anche per settimane. In alcuni casi, il mercato "ricorda" importanti punti di svolta che si sono verificati mesi prima. Questo è certamente il caso quando il livello viene formalizzato in concomitanza con importanti decisioni di mercato, come le decisioni sul tasso di interesse di una banca centrale, le elezioni politiche o altre decisioni che possono fondamentalmente cambiare la percezione di un mercato. Il trader dovrebbe prestare attenzione a tali livelli. I mercati non li raggiungono facilmente.

La difficoltà nel grafico nel tracciare linee orizzontali che rendono questi livelli visibili, è, naturalmente dovuta all'interpretazione di ciò che è importante e che cosa non lo è. A volte il trader deve effettuare correzioni perché l'azione dei prezzi sembra raggiungere un livello diverso rispetto a ciò che il trader aveva inizialmente favorito. Non è una vergogna tracciare una linea sul grafico che non ha conseguenze, mentre un altro livello trascurato viene ripetutamente raggiunto.

Anche se lo faccio da anni, mi capita ancora adesso di sbagliare e poi devo fare delle correzioni. Ancora una volta, Mr. Market ama giocare con le aspettative dei trader. Bisognerebbe dire addio all'idea che questa è una scienza esatta.

Immagine 5: EUR/USD, Grafico a 4-Ore, Dal 12 Giugno Al 12 Luglio 2017

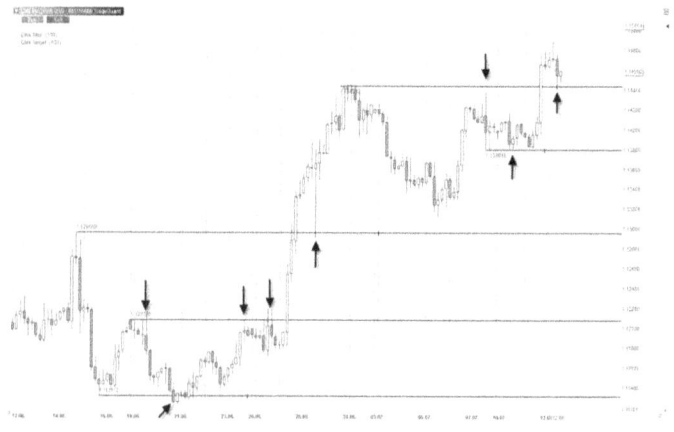

Come esempio dell'importanza di "guardare a sinistra", possiamo osservare una sezione di EUR/USD di giugno 2017. Le frecce indicano livelli di prezzo in cui il mercato richiama massimi o minimi significativi degli ultimi giorni. In alcuni casi, il mercato ha girato esattamente appena il prezzo ha raggiunto il vecchio livello dei prezzi. In altri casi, esagera un po' e poi torna indietro.

In altre parole, i mercati amano costruirsi in modo tale che, prima di andare avanti, vogliono tornare prima ai vecchi livelli di prezzo che hanno già conquistato in passato. I trader esperti di pullback possono fare trading, ma questo non è l'oggetto del libro.

Naturalmente, è possibile operare senza questa conoscenza. Tuttavia, se intendete affrontare il trading in range "guardare a sinistra" dovrebbe diventare una delle vostre massime. Spesso troverete qualcosa sul lato sinistro del grafico a cui si riferisce l'attuale trading del mercato. Queste informazioni non sono preziose?

Ora, "guardare a sinistra" non è una formula magica che vi darà solo profitti in borsa. Questo metodo vi aiuterà a identificare meglio il "campo di gioco" corrente.

Ciò è particolarmente importante per il trading in range, perché una volta che si è in grado di identificare i limiti del campo di gioco, è anche possibile trovare i punti di entrata e di uscita dei vostri prossimi trade. Il trading in range è molto semplice. Tuttavia, per rendere le cose più facili, dovete prima vedere chiaramente il lato sinistro del grafico.

Una volta che avrete imparato a prestare attenzione a questi punti significativi, avrete almeno la possibilità di valutare in modo migliore l'attuale situazione del mercato. Potreste ancora non essere in grado di prevederlo - nessuno può - ma potrete formulare una stima realistica di dove potrebbe muoversi l'evoluzione futura dei prezzi. Se sarete in grado di prendere la giusta decisione in più del 50% dei casi, potreste essere in grado di costruire un business molto redditizio.

Per essere in grado di farlo, però, occorre innanzitutto considerare come disegnare correttamente le linee di supporto e di resistenza orizzontali.

4. Come Disegnare Correttamente le Line di Supporto e di Resistenza?

Sembra che ci sia una gran confusione e molte false idee nella comunità dei trader su come disegnare correttamente le linee di supporto e resistenza orizzontali. Cercherò di chiarire alcuni fraintendimenti.

Nel capitolo precedente "Guardate a sinistra", ho sottolineato l'importanza di livelli di swing alti o bassi. In ogni caso, l'operatore dovrebbe includere questi livelli nelle sue considerazioni.

La pratica mostra tuttavia che "il mercato" non sempre rispetta tali livelli al 100%. Se il trader valuta un livello di prezzo significativo, questo indica che molti contratti cambieranno proprietari attorno a questo livello. Ciò significa che molti operatori chiuderanno le loro posizioni o le cambieranno da short a long e viceversa.

Si può quindi parlare di zone di supporto e di zone di resistenza piuttosto che di linee di supporto o di resistenza. Un esempio del Future Eurostoxx50 (FESX) può illustrarlo.

Immagine 6: FESX, Grafico Orario, dal 10 Novembre 2016 al 6 Dicembre 2016

In questo esempio sul Future Eurostoxx ho disegnato le due righe "super corrette", cioè ho collegato il top dei due massima del range (a 3062 punti) e dei due minimi (a 3007 punti). A prima vista, questa immagine sembra molto ordinata. Ho coperto abbastanza bene il range. Guardando più da vicino, tuttavia, si può vedere che molti punti di svolta non hanno toccato la linea. Ciò avviene sia per il supporto che per la resistenza.

Il mercato sembrava avere una visione un po' diversa su questi livelli , come avevo supposto con la mia rappresentazione ipercorretta. È per questo che non è affatto negativo aggiustare le linee nel tempo ai veri punti di svolta del mercato. Non si dovrebbe aspettare che il mercato rispetti sempre i livelli che tanto il mercato a volte non rispetterà comunque. Ecco perché ho adattato un po' le mie linee. Il risultato è il seguente:

Immagine 7: FESX, Grafico Orario Dal 10 Novembre 2016 al 6 Dicembre 6 2016, Secondo Tentativo

Si può notare in questo aggiustamento delle linee che l'intervallo è diventato un po' più stretto. La linea di resistenza è ora a 3055 e la linea di supporto è a 3011. Ho anche fatto il sacrilegio di tirare la mia linea attraverso diverse code e anche il corpo di alcune delle candele.

Il fatto è tuttavia che in questa rappresentazione si sono verificati molti altri punti di svolta rispetto alla prima versione. Solo sul supporto, ora ci sono 13 (!) punti di svolta. E' ovvio quindi che per il mercato il livello 3011 era apparentemente più significativo rispetto al primo minimo a 3007 (minimo dell'11.11.2017).

Ora la differenza tra il 3007 e il 3011 non è enorme, ed è per questo che parlo qui di zone di supporto. In questo settore, in questo periodo si è registrato un crescente numero di acquirenti cosi come di venditori, ai quali il mercato si è principalmente rivolto. Poiché questo è successo con maggiore frequenza più a 3011 che non a 3006, ho anche adattato la linea. Non di più, ma anche non di meno.

Come si può vedere, il disegno delle linee "corrette" è questione di ragionevole comprensione del comportamento di mercato. Non si era verificato quasi nessun contatto sopra la resistenza al mio primo tentativo di disegnare la linea. Il mercato apparentemente si è girato in anticipo, non a 3062, come ipotizzato inizialmente, ma già a 3055. Se non si prende atto di questo come trader, non si arriverà mai ad ottenere un buon risultato in un trade.

5. In Quali Mercati si Può Fare Trading in un Range?

Risposta: in tutti.

Ci sono, naturalmente, alcuni rischi che il trader deve conoscere prima di iniziare. I gap, ad esempio, sono un problema in tutti i mercati. Appaiono sempre non appena un mercato si chiude e riapre il giorno successivo (o il lunedì successivo dopo un fine settimana).

Di regola, i gap sono piccoli e hanno un piccolo effetto sui risultati del trade in corso. Tuttavia occasionalmente si verificano gap maggiori. Possono avvenire a favore del trader o a suo svantaggio. I catalizzatori esterni (attacchi terroristici, terremoti e inaspettati risultati di elezioni o referendum come la Brexit) innescano talvolta eventi estremi sul mercato azionario. Sono molto difficili o quasi impossibili da prevedere.

In tempi più recenti, tali eventi si verificano anche senza un catalizzatore noto. Questo è il caso, ad esempio, con il cosiddetto "flash crash" del 6 maggio 2010, quando SP500 e Dow Jones Index sono precipitati di quasi del 10% in pochi minuti. Ricordo ancora molto bene quel giorno, perché avevo una posizione piccola e short su EUR/JPY. Non potevo credere ai miei occhi quando mi resi conto che la mia posizione era vincente di ben 900 pips. Sono stato fortunato quel giorno. Mi trovavo per così dire, dal lato giusto dell'azione.

Se avessi avuto una posizione long su EUR/JPY, lo stop sarebbe stato raggiunto. L'esecuzione del mio ordine sarebbe probabilmente peggiorata a causa dell'estrema volatilità, ma la mia posizione sarebbe rimasta fuori dal mercato prima che potesse portare ad una perdita maggiore.

Valute

Pertanto, se non vi piacciono i gap o non desiderate che altri eventi estremi influenzino il vostro trading, consiglio di fare trading esclusivamente con le valute. I mercati del Forex sono aperti 24 ore, il che significa che non ci sono gap notturni da temere. I trader dovrebbero chiudere le loro posizioni prima del fine settimana per eliminare il rischio di gap in riapertura di settimana. Inoltre, è possibile riaprire il trade domenica sera o lunedì mattina molto facilmente e se il vostro scenario resta valido. Molti operatori fanno proprio questo.

Azioni

Il vantaggio del trading in range con le azioni è che il trading può durare a lungo. I trader possono pertanto operare con esse ottenendo un'ottima redditività. Se un investitore inizia a vendere ripetutamente, non appena un'azione raggiunge un certo livello di prezzo, il suo comportamento creerà una zona di resistenza. Un trader saggio può trarre vantaggio da questa opportunità.

È anche possibile osservare questo fenomeno nella parte bassa del range. A volte un grande compratore "cattura" un'azione ad un certo prezzo. Questo crea una zona di supporto. Tali livelli possono durare per settimane fino a quando "l'acquirente" cessa di acquistare e l'azione comincia a salire o a scendere.

Gli svantaggi delle azioni sono i gap nell'overnight che a volte possono risultare estremi. Sono spesso molto più ampi rispetto agli altri mercati. Una volta ho piazzato una posizione long sulle azioni del produttore di software tedesco SAP. Prima dell'apertura del mercato, le notizie riportavano un crollo delle vendite negli Stati Uniti. Di conseguenza, il titolo aveva aperto con più dell'8 per cento di ribasso. Ho dovuto sostenere una perdita enorme, e purtroppo, nessun ordine di stop-loss aiuta con i gap nell'overnight.

Questo incidente è stato il motivo principale per cui ho smesso di fare trading con le azioni. Tuttavia, come ho detto, questa è stata la mia decisione. A lungo termine, l'impatto di questi eventi estremi è equilibrato. Spetta al trader decidere se accettare tali valori anomali (a suo favore o a svantaggio).

Ho deciso che le azioni non sono un buon strumento per il trading a breve termine, anche se possono essere molto redditizie in altre occasioni. Preferisco lavorare sui mercati dei futures liquidi ed i cui gap notturni raramente superano l'1%.

Futures

La maggior parte dei trader professionisti conosce i futures. E per una buona ragione. I futures sono strumenti finanziari molto equi e liquidi. In altre parole, il trader generalmente ottiene una buona esecuzione. Ciò vale sia per l'entrata che per l'uscita e per gli ordini di stop-loss. Fenomeni come lo slippage (si ottiene un prezzo di esecuzione peggiore di quanto previsto) si verificano qui piuttosto raramente, se non mai, e solo durante i giorni ad alta volatilità.

Per questo motivo, gli indici futures, come l'E-Mini, il Mini-Dow, l'FDAX o il Nikkei 225 Future, sono buoni veicoli di trading per implementare una strategia in un range. Tuttavia, raccomando vivamente che il trader tenga d'occhio il calendario economico. I mercati possono diventare molto volatili, soprattutto quando le banche centrali pubblicano decisioni sul tasso di interesse.

È inoltre possibile operare con il trading in range con futures obbligazionari e futures di materie prime. Tuttavia, anche qui, il trader dovrebbe prestare attenzione quando aspetta notizie importanti. Nel caso delle materie prime in particolare, si può verificare un aumento improvviso della volatilità, soprattutto se il future delle materie prime è in range da un lungo periodo. Spesso è più saggio chiudere la posizione prima dell'uscita di importanti notizie o di un report economico.

6. Come Fare Trading in un Range Nella Pratica

Nel capitolo 4, ho discusso di come è possibile identificare in ogni momento un range orizzontale sul grafico. Non è sempre facile rispondere a questa domanda perché in alcuni casi l'interpretazione resta aperta. Dipende quindi in definitiva dalle capacità (o dall'esperienza) del trader e se è effettivamente in grado di riconoscere un range in quanto tale o meno.

I mercati finanziari sono e restano strutture caotiche e nessuno potrà mai dire con certezza cosa sta succedendo. Sullo sfondo, come è noto, capitano ogni genere di cose ed eventi imprevisti (notizie economiche, decisioni delle banche centrali) possono esplodere in pochi secondi e colpire "supporti" e "resistenze", come se non fossero mai esistiti.

Pertanto, il trader deve sempre essere a conoscenza di questo fatto, soprattutto quando appare qualcosa di così evidente sul grafico che sembra un invito diretto al trading. L'operatore deve quindi lavorare con ordini di stop loss per proteggere il conto dalle perdite di grandi dimensioni.

Deve essere chiaro a ogni trader che, non importa quello che vede o pensa di vedere su un grafico, la sua visione è comunque un'interpretazione della realtà. Chi traccia una linea su di un grafico non ha l'autorità di dire: "qui e non oltre!"

Come tutti i trader esperti sanno, i prezzi possono sempre andare più in alto (o in basso), anche se sembra assurdo. Il miglior esempio è l'attuale bull market (alla data di settembre 2017) negli indici azionari americani. Per mesi (anni), i profeti dei crash hanno annunciato la "fine" di questo bull market. Ebbene, a un certo punto questo bull market finirà, senza dubbio. Tuttavia, potrebbe essere che questo bull market duri molto più di quanto i profeti del crash vogliono considerare. Ci sono parecchi esempi.

I trader si muovono pertanto solo grazie alle probabilità. La probabilità più alta è che il mercato inverta tendenza su certi livelli a causa di punti di pivot precedenti. Non è necessario, ma i dati del grafico indicano una maggiore probabilità. Anche se questa volta non deve essere così, coloro che osservano ripetutamente questo scenario potrebbero trovare che ciò è vero nella maggior parte dei casi (50% o più...).

Un trader è quindi una persona che ripetutamente assume rischi calcolati e che sa di avere un vantaggio statistico (benché piccolo). Questo vantaggio statistico è quello che, dopo una serie di operazioni, rappresenta la differenza tra profitto e perdita. Ecco cos'è il trading.

Per quanto riguarda il trading in range, questo è appunto il caso. Un operatore di trading in range è una persona che, basandosi sull'osservazione, presuppone che i giocatori del mercato rispettino i limiti superiori e inferiori del range (fino al giorno del breakout dal range).

Se il trader comincia da questa ipotesi, è opportuno osservare attentamente gli eventi al limite del range nella speranza di trovare indicazioni che confermino o rafforzino questa ipotesi. Poiché nei summenzionati esempi alcuni dei segnali sul grafico orario non sono stati confermati, il trader dovrebbe passare ad un grafico basato su timeframe inferiore.

Ad esempio, se un mercato nel grafico orario tocca una linea di resistenza, è opportuno osservare il grafico a 30 minuti o il grafico a 15 minuti per trovare prove che giustifichino un trade. È quindi imperativo che il trader attenda un **segnale chiaramente riconoscibile** prima di piazzare l'ordine limite.

Con *segnale*, voglio dire che il mercato dovrebbe indicare che intende rispettare la resistenza o il supporto. Di tanto in tanto, il mercato, ad esempio, tocca esattamente il supporto e poi ritorna immediatamente indietro. Questo sarebbe un segnale, ma dal momento che il mercato difficilmente tocca il supporto, il trader non ha tempo per considerare un trade. Gli operatori non dovrebbero saltare sul treno in movimento qui, perché nel trading in range è tranquillamente possibile entrare in operazioni calcolate.

Se il mercato rompe il supporto e rimane allo stesso punto per diverse ore, questo non è un segnale. Solo quando il mercato recupera il supporto dopo poche ore il trader riceve un buon segnale. Il motivo è legato al fatto che possiamo capire che i venditori hanno cercato di spingere il mercato, ma ovviamente non ci sono riusciti. Questo fatto giustificherebbe per me una posizione di acquisto con obiettivo di prezzo la resistenza superiore del range. Per mostrare un simile segnale ancora più chiaramente, esaminiamo più da vicino un esempio in EUR/JPY.

Immagine 8: EUR/JPY, Grafico Orario, dall'11 Giugno al 13 Giugno 2017

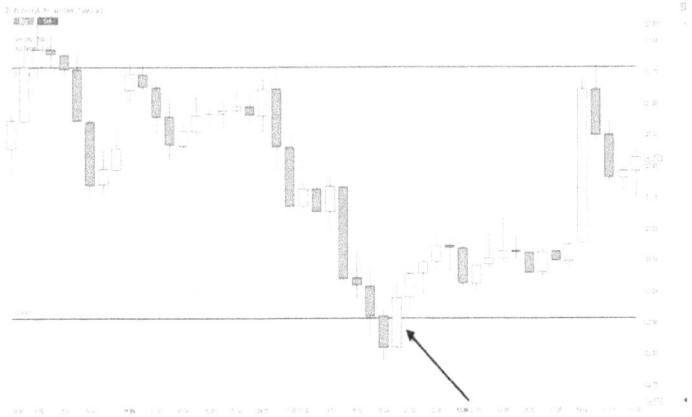

In questo esempio, nel grafico orario EUR/JPY, si è verificato lo scenario di cui sopra. Il cross si avvicina al supporto e lo perfora al ribasso (candela rossa sotto la linea orizzontale inferiore). La candela successiva è poi rialzista e ha un prezzo di chiusura superiore alla linea di supporto (freccia inferiore). Gli acquirenti hanno ripreso il controllo del mercato. Il mercato ha quindi confermato l'esistenza del range.

Poiché il trader non può acquistare dopo il massimo della candela oraria rialzista per motivi di gestione dei rischi (perché allora avrebbe dovuto comprare qualche pip sopra il supporto), deve osservare il comportamento del mercato ad un livello più basso.

Si potrebbe criticare questo approccio perché il trader abbandona il livello osservato (grafico orario) e cerca il segnale a un livello più basso. Tuttavia, se non lo facesse, perderebbe troppi trade.

L'operatore deve comunque essere consapevole del fatto che più in basso sceglie il livello, meno significativi i segnali diventano. In sintesi, posso raccomandare il seguente approccio:

Segnale grafico	Entrata grafico
Grafico giornaliero: orario	grafico a 4 ore, grafico
Grafico a 4 ore: minuti	grafico orario, grafico a 30
Grafico orario: a 15 minuti	grafico a 30 minuti, grafico

Non ha senso secondo me, per esempio, quando il trader identifica un segnale su un grafico a 4 ore e poi cerca un'entrata sul grafico a 5 minuti. Dovrebbe allora cercare l'entrata sul livello inferiore immediatamente successivo, tipo un grafico orario o a 30 minuti.

Immagine 9: EUR/JPY, Grafico a 15 Minuti, 12 Giugno 2017

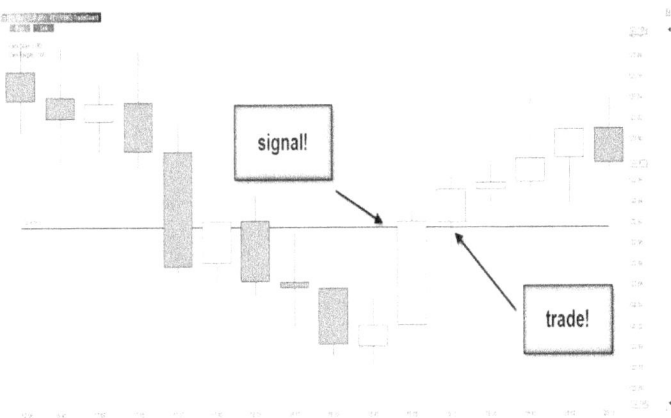

Potevo identificare l'esempio sopra riportato in EUR / JPY nel grafico a 15 minuti. È possibile vedere il cross che rimane sotto la linea di supporto dopo la rottura dello stesso (a sinistra nel grafico). Poi una candela bianca conquista nuovamente la linea (Segnale!). Solo allora abbiamo un segnale chiaro. Dopo la chiusura di questa candela, il trader può piazzare un ordine di acquisto limitato sulla linea di supporto.

I miei criteri di ingresso per il trading in range sono quindi relativamente rigorosi. La ragione è semplice. Poiché un range include solo un target di prezzo limitato (e quindi un potenziale di profitto limitato), non voglio ridurre quel potenziale utile acquistando alcuni punti o pips oltre il limite, poiché alcune candele su un grafico sono state chiuse troppo in alto.

Per motivi di gestione del rischio, piazzo il mio trade esattamente al prezzo in cui si trova la linea di supporto. Voglio questo prezzo e nessun altro. Se il trader opera in questo modo, dimostra che intende giocare secondo le sue regole e non secondo quello che sta facendo il mercato adesso.

Nell'esempio precedente, la candela successiva del grafico a 15 minuti è solo leggermente inferiore alla linea di supporto, il che di solito significa che l'ordine è stato eseguito. Il trader ora ha una posizione long.

Se il mercato non avesse toccato la linea di supporto e avesse proseguito dritto verso l'alto, l'ordine non sarebbe stato eseguito. Questo è quanto è accaduto nel prossimo esempio:

Immagine 10: EUR/JPY, Grafico a 15 minuti, 13 Giugno 2017

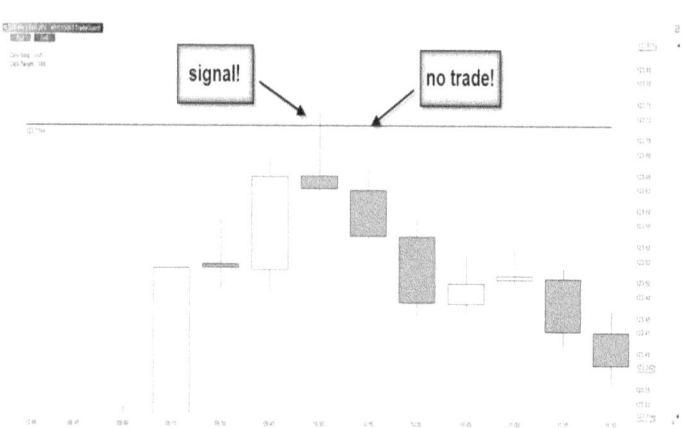

In questo esempio, il mercato ha raggiunto il limite superiore del range. Allo stesso tempo, il prezzo è sceso nel range e ha quindi innescato un breve segnale sul grafico a 15 minuti. Il trader potrebbe piazzare un ordine di vendita limitato sulla linea di resistenza (linea orizzontale superiore).

Purtroppo, il mercato non ha eseguito questo ordine. La candela successiva si è aperta alcuni pips sotto la linea di resistenza e si è chiusa più in profondità senza toccare ancora la linea di resistenza: nessun trade!

Il mercato poi è tornato nella linea di supporto del range. Questo è stato, naturalmente, "fastidioso" perché EUR/JPY ha raggiunto il suo obiettivo di prezzo il giorno dopo. Sarebbe "stato" un trade redditizio se l'operatore avesse preso questo trade. "Avesse" e "volesse" sono espressioni da eliminare dal vocabolario di un buon trader. Come mostra l'immagine 10, le condizioni per il trade sono state soddisfatte, ma l'ordine non è stato eseguito.

So che alcuni operatori avrebbero comunque preso il trade, ma poi avrebbero dovuto pagare un prezzo inferiore. Ciò apre la porta per una pessima carriera, ovviamente.

Non si può mai sottolinearlo abbastanza: il trading di successo è quello del trader che gioca secondo le proprie regole. Se non lo fa, può piazzare un buon trade ogni tanto, ma alla fine indebolisce la propria psiche lasciando che sia il mercato a determinare le sue azioni.

Spero che il lettore noti la differenza fondamentale! O il mercato guida il trader come una nave senza un capitano o egli stesso dovrà determinare come e quando entrare nel mercato e in quali condizioni.

Questo, naturalmente, richiede un certo grado di rigidità, in modo da poter imparare ad accettare l'assegnazione di tali apparenti opportunità. A volte il mercato regala pips, a volte se li prende. In quanto trader, non si ha il controllo su questo fatto. Ciò che è possibile controllare sono le condizioni in cui si è disposti ad agire o meno. Se trovate le condizioni adatte, agite. Altrimenti, state fermi.

È facile fare questa raccomandazione. So grazie alla mia esperienza quanto velocemente sono incline a correre dietro ad un'apparente opportunità. Se capita una volta, non è una tragedia. Tuttavia, se succede ripetutamente, allora diventa una (cattiva) abitudine. Alla fine, questa abitudine porterà a pessimi risultati. In definitiva, queste persone se la prendono con i mercati finanziari, dicendo che il trading non funziona. Purtroppo, il cimitero dei trader falliti è abbastanza grande e se posso solo convincere un operatore a evitare di farlo impulsivamente, allora non avrò scritto questo libro invano.

Gli ordini limitati sono molto importanti, specialmente nel trading in range, perché ogni punto e ogni pip contano. Se il trader entra nel mercato con un ordine a mercato per paura di perdere un trade, di solito otterrà un prezzo peggiore. Quale vero imprenditore agisce in questo modo? Tuttavia, dal momento che l'ordine è solo un click nel momento del trade, c'è sempre il pericolo che i trader lavorino impulsivamente e accettino prezzi più bassi.

Ho un amico che ha una società che commercia in succhi di frutta. Una volta gli ho chiesto quanto costerebbe rinunciare ad un ordine di un camion pieno di fragole. La risposta è stata circa 8.000 euro. Credete seriamente che al mio amico non interessi se il camion con le fragole che manda in giro in Europa costa 8.100 o 7.950? Ve lo garantisco, gli interessa. Salverà ogni euro possibile per risparmiare; oppure, non comprerà le fragole.

Credo che questo atteggiamento sia quello che ogni trader dovrebbe avere. Fare trading con ordini limitati significa: questo è il prezzo che sono disposto a pagare; altrimenti, non comprerò!

Con questa "mentalità avara", mancherete un buon trade ogni tanto. Questo è esplicativo. Tuttavia, non dimenticate: il profitto si fa al momento dell'acquisto. Quindi siate molto taccagni.

Immagine 11: Future Mais, Grafico a 4 Ore, dal 16 Marzo al 7 Giugno, 2017

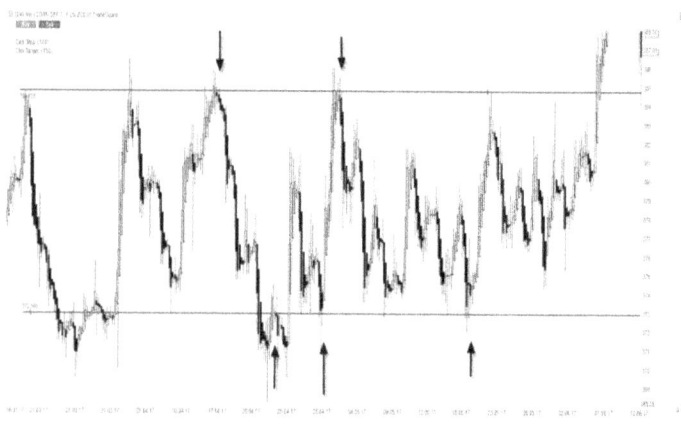

A volte vale la pena guardare oltre ai tradizionali mercati e dare un'occhiata ai "mercati non convenzionali" come quello delle commodities. Ho trovato un bel trading range nei future del mais da marzo a giugno 2017. I mercati delle materie prime tendono a rimanere più a lungo in trading range. Se nessuna notizia pertinente cambia la visione fondamentale dei principali operatori del mercato, non ci sono motivi perché si avvii un trend.

In questo caso, il mais oscillò per tre mesi tra $ 384 e $ 372. Non molto a prima vista ma sufficiente per un trader di futures. Dopo che il range è diventato visibile (ho dovuto effettuare diverse correzioni sulle linee) ho rilevato quattro segnali che hanno colpito tutti i loro obiettivi. In questo caso ho usato la rappresentazione del grafico di heikin ashi

Immagine 12: Future del Mais, Grafico Orario, dal 16 Marzo al 7 Giugno, 2017

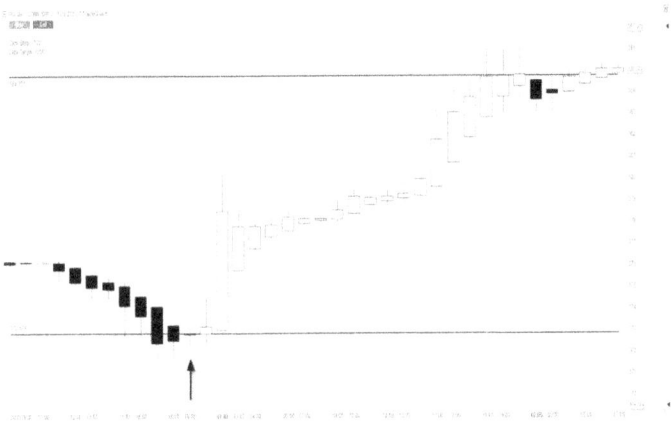

Quando sono passato al grafico orario più breve, ho trovato una situazione interessante sul supporto. Si vede un'ondata ribassista (candele nere a sinistra), che ha portato a ripetuti break della linea di supporto. Dopo un'altra candela che non ha fatto un nuovo minimo, il mercato ha disegnato una doji esattamente alla linea di supporto (freccia inferiore).

Immagine 13: Doji e Spinning Top

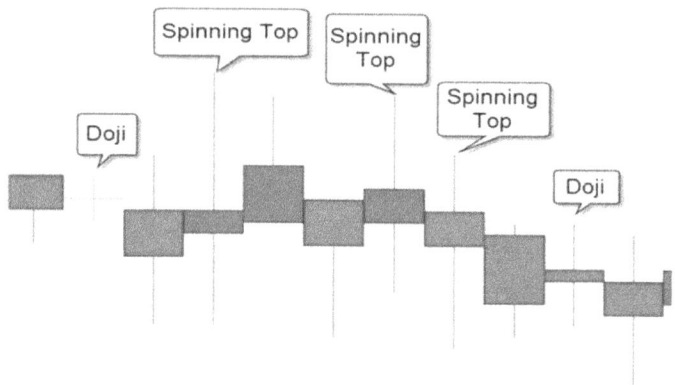

L'immagine 13 mostra alcune doji e spinning top. Le doji non hanno un corpo o ne hanno solo uno molto piccolo con ombre piccole. Una doji sembra spesso un segno più. Le spinning top hanno ombre lunghe sopra o al di sotto del corpo centrale. Entrambi i modelli illustrano l'incertezza sul mercato. Né gli orsi né i tori attualmente dominano il mercato.

Una doji (come nell'immagine 12 dei futures del mais) simboleggia sempre una sorta di equilibrio tra acquirenti e venditori. Da un lato, i venditori avevano spinto il mercato nella zona di supporto. A quel punto, l'area è stata leggermente perforata. Poi il mercato non ha più raggiunto nuovi minimi e finalmente sul supporto, è emersa una doji. Per me, questo è un buon motivo per piazzare un ordine di acquisto con obiettivo la linea di resistenza. Il giorno seguente ha confermato questa valutazione (il 1 ° maggio 2017).

7. Dove Posizionare lo Stop?

Ogni seria strategia di trading deve affrontare la questione del rischio, e questo vale anche per il trading in range. Un vantaggio da non sottovalutare è che lo stop non deve essere impostato in base ai criteri tecnici del grafico.

La ragione è semplice: i limiti superiori e inferiori segnano esattamente il range. Dobbiamo considerare tutto ciò che succede al di sopra o al di sotto del range come un "nuovo terreno" tecnico-grafico che non appartiene al campo di gioco del range.

Pertanto, vi raccomando di posizionare lo stop in base ai criteri di gestione del rischio e non secondo gli schemi riportati nel grafico. Ad esempio, se siete pronti a rischiare, potete semplicemente calcolare la distanza dello stop dal prezzo di entrata in base all'ampiezza del range.

Se l'intervallo del range è, ad esempio, di 100 punti, il trader può piazzare lo stop 100 punti al di sotto del prezzo d'ingresso (o 100 punti sopra l'ingresso per una posizione short).

Poiché questo trader rischia tanto quanto può vincere, ha bisogno di un tasso di successo di almeno il 51% per essere redditizio.

Trader A: RRR = 1:1

51 trade vincenti x 100 =   5100 punti

49 trade in perdita x 100 = 4900 punti

Prezzo netto totale =   200 punti

Il Trader A, che ha un rapporto rischio/rendimento di 1:1 (RRR), ha bisogno di un buon tasso di successo. Deve essere più del 50% se vuole fare soldi.

Esistono tuttavia trader che preferiscono impostare i profitti in proporzione ad una serie di perdite. Questi operatori vogliono vincere di più quando vincono e perdere di meno quando perdono. Scelgono, ad esempio, un rapporto rischio / rendimento (RRR) di 1:2. Questo operatore vorrà realizzare un profitto di 100 punti in un range di 100 punti di ampiezza. Tuttavia, il suo stop è solo il 50% del range. Lo metterà a 50 punti dal prezzo di entrata. In questo caso, il calcolo dovrebbe essere il seguente:

Trader B: RRR = 1:1

34 trade vincenti x 100 =	3400 punti
66 trade in perdita x 4 =	3300 punti
Prezzo netto totale =	200 punti

Il trader B è quindi in una posizione comoda e deve solo indovinare correttamente il 34% dei suoi trade per ottenere un guadagno. Lo svantaggio del suo metodo è, ovviamente, che il mercato colpirà più spesso gli stop di quanto non accada nel sistema Trader As dove lo stop è posizionato più lontano dal prezzo di entrata.

Naturalmente, oltre a questi due modelli di gestione del rischio, esistono innumerevoli varianti. Conosco, per esempio, un trader nel petrolio che lavora anche con rapporti di rischio / rendimento negativi. Il suo stop è davvero lontano dal mercato attuale, di solito 200 centesimi o più. I suoi obiettivi di prezzo sono tuttavia più piccoli, di solito a 20 o 30 centesimi. Il mercato raramente colpisce il suo stop ed egli chiude normalmente il trade quando si rende conto che sta andando nella direzione sbagliata. Possiede una sorta di "intervallo di tempo" interno, mentre lo stop reale è solo una sorta di "disastro".

Non vi consiglio di seguirlo. Funziona per lui, ma sono sicuro che molti operatori non si sentirebbero a proprio agio con questo tipo di gestione dei rischi.

A seconda del modello di rischio, si possono modificare i parametri in modo che il trader possa ottimizzare il risultato. Il trader A, che lavora con un RRR di 1:1, non sarà in grado di cambiare di molto il suo tasso di successo perché è già alto (oltre il 50%). Tuttavia, in quanto trader nel petrolio, potrà cercare di chiudere più velocemente i propri trade in perdita e di non raggiungere lo stop.

Se, per esempio, fosse riuscito a perdere una media di soli 70 punti invece di 100, allora il suo risultato netto sarebbe decisamente migliore.

Trader A: RRR = 0.7:1

51 trade vincenti x 100 =   5100 punti

49 trade in perdita x 70 =   3430 punti

Netto totale: 1670 punti

In questo caso, il trader A potrebbe realizzare un utile netto di 1670 punti o 16,70 punti per ogni trade dopo 100 operazioni. Sembra molto meglio degli scarni 2 punti per ogni operazione che ha ottenuto inizialmente (se lascia che i trade in perdita siano fermati costantemente a 100 punti e non prima).

Inoltre, il trader B può ottimizzare il suo risultato. Dal momento che già lavora con uno stop loss più stretto come il trader A, le opzioni di ottimizzazione sono più basse (anche se esistono). Egli potrebbe cercare di ottenere un miglior tasso di successo attraverso una selezione qualitativa dei suoi trade. Può provare a raggiungere un tasso di successo del 50% invece di un tasso di successo del 34%. Se questo fosse il caso, i risultati sarebbero i seguenti:

Trader B: RRR = 1:2

50 trade vincenti x 100 =   5000 punti

50 trade in perdita x 50 =   2500 punti

Netto totale: 2500 punti

In questo caso, il trader B potrebbe anche essere in grado di ottenere un utile netto di 2500 punti o 25 punti per ogni scambio dopo 100 operazioni. Questo è un risultato ancora migliore di quello del sistema ottimizzato del trader A.

Naturalmente, questi esempi sono puramente ipotetici e la lotta per la redditività spesso si dimostra più difficile nel trading vero e proprio di quanto non possa apparire qui. Quando dico che il trader B può ottenere un certo risultato, ciò accadrà solo se effettivamente egli migliorerà la qualità dei suoi trade. In questo libro, cercherò anche di affrontare i migliori ingressi possibili, conscio che i trade in perdita esistono ed esisteranno sempre. Ogni volta che si considera una nuova strategia di trading, come quella del trading in range, si dovrebbe sempre calcolare con un quadro realistico la quantità di trade vincenti e in perdita.

8. Domande Sulla Gestione del Trading

A. Bisogna chiudere il Trade Prima del fine settimana?

Se il trader ha identificato in modo efficiente il punto di ingresso, il punto di uscita (target) e il livello di stop loss, rimane la questione di come gestire il trade a condizione che non sia stato raggiunto né il target di prezzo né lo stop. Questa domanda si presenta soprattutto prima del fine settimana (elezioni) e prima di importanti eventi sul mercato azionario (decisioni sul tasso di interesse delle banche centrali).

Se preferite essere "flat" nel fine settimana, suggerirei definitivamente di chiudere tutti i trade attuali, sia in profitto che in perdita. Lo stesso vale, naturalmente, per le decisioni sui tassi di interesse delle banche centrali. Questi non sono sempre drammatici come si potrebbe aspettare. Qui, vi consiglio di rimanere nel trade, specialmente se operate in periodi più ampi, come nel grafico orario o anche in quello a 4 ore o giornaliero. Non lasciatevi influenzare troppo da tali eventi. A volte il risultato sarà a vostro vantaggio, a volte a vostro svantaggio. È più importante la coerenza delle vostre decisioni di trading e la bontà della vostra gestione dei rischi.

Nei fine settimana si rischia di essere sorpresi da un gap che supera il rischio di stop il lunedì o domenica sera per i trader del Forex (accade anche il contrario: un gap di lunedì che supera di gran lunga l'obiettivo di prezzo).

Nella mia esperienza, i mercati bilanciano i profitti e le perdite di tali eventi a lungo termine. Ecco perché dovreste affrontare la questione con calma. Solo i trader che operano con un effetto leva eccessivo dovrebbero temere i gap (operatori con posizioni troppo grandi). Questi trader non dovrebbero stare sul mercato azionario. Più velocemente i mercati li mandano fuori, minore sarà il dolore.

B. Bisogna utilizzare i trailing stops nel trading in range?

Il trailing stop è un grande strumento che i trader possono utilizzare per massimizzare i profitti. Ciò è particolarmente importante quando l'operatore possiede già una posizione con un profitto elevato e vuole tirare fuori gli ultimi tic o pip dal trade. A questo punto un trailing stop può certamente essere utile.

Tuttavia, se si tratta di un trading in range, l'obiettivo dei prezzi è limitato. All'interno del range possono accadere le cose più strane. È una situazione di mercato completamente diversa rispetto a quando il trader ha una posizione in un trend a lungo termine, che poi finisce e da cui vuole prendere gli ultimi punti.

Questo è il motivo per cui consiglio di non utilizzare un trailing stop per il range o per il canale di trading. Di regola, non si potranno ottimizzare i profitti. Il trailing stop vi butterà fuori dal trade prima che la posizione raggiunga il target.

Nel trading in range, conto su supporto e resistenza. A volte si verificano spike di prezzo (outliers) in una direzione o nell'altra. Se poi si ha un take-profit all'altro limite di range, allora si verrà buttati fuori dal trade più velocemente di quanto si sperasse. Questi sono piccoli doni per i trader del range, ed hanno un gusto veramente molto dolce!

C. Cosa fare se il trade non va "da nessuna parte"?

Questa situazione si verifica piuttosto spesso. Si ha una posizione: il trade è al centro del range (è redditizio) ma il mercato non si muove da ore (o giorni). Quando si avvicina il fine settimana, è possibile chiudere il trade.

Se vi sentite insicuri, consiglio sempre di chiudere o almeno ridurre la posizione. Ad esempio, se si dispone di due contratti, è possibile chiuderne uno e attendere per vedere se lo scenario desiderato si verifica per il secondo contratto. Se questo non accade ancora dopo un certo tempo, suggerisco di chiudere anche il secondo contratto.

D. Dovrei spingere lo stop più vicino al mercato?

Qui starei molto attento. Come ho detto, all'interno del range, possono accadere cose strane. Vedrete che, ad esempio, una posizione long può aver quasi colpito l'obiettivo di prezzo (la linea di resistenza) e all'improvviso il prezzo torna al supporto come se dovesse prendere un'altra rincorsa per colpire finalmente il limite superiore del range. Questo scenario si verifica piuttosto spesso.

Per questo motivo, nel trading in range, non posizionerei mai lo stop all'interno del range.

Potreste mettere uno stop leggermente più vicino al livello di ingresso per ridurre al minimo il rischio se il trade è vicino all'obiettivo di prezzo. Tuttavia, come ho detto, meglio essere piuttosto prudenti e comunque non credo che tali misure possano influenzare positivamente i risultati (dal punto di vista di un centinaio o migliaia di operazioni).

Più importante per me è che il trader impari ad avere fiducia nel suo sistema. Ciò avrà un impatto positivo sui risultati a medio termine. Quando un trader si fida del suo sistema, prende anche posizioni che molti dei suoi concorrenti non avrebbero preso. Queste sono spesso le più redditizie. Inoltre, questo è ciò che distingue un professionista da un dilettante. Un professionista vede un segnale e prende il trade senza alcuna esitazione, proprio perché conosce il suo sistema e insiste sul suo vantaggio statistico.

Chiunque manipoli troppo il proprio stop suggerisce al suo subconscio: "Non mi fido di questa posizione".

Nel lungo termine (da mille trade in su), questo gioco non funziona più. A volte si potrebbe ottenere una perdita minore se si posiziona lo stop più vicino, quando il trade comincia ad andare contro alle aspettative, ma alla fine si arriverà comunque al bersaglio.

Piuttosto, la qualità dei trade piazzati e la loro costante esecuzione ottimizzeranno i risultati. Un rapporto di rischio / rendimento di almeno 1:2 finirà per andare a vantaggio del trader. Se il tasso di successo è superiore al 33,33%.

Tuttavia, questi sono tassi di successo molto pessimisti. I tassi di successo realistici per il trading in range tendono ad essere compresi tra il 50 e il 60%. Anche a un tasso inferiore al 40 o 45%, il trading in range può essere molto redditizio, se l'operatore non manipola troppo il rapporto rischio / rendimento. E quindi consente al mercato di decidere se colpire il take profit o lo stop.

9. Esempi di Mercati in un Range

A. Trading in un Range nel Mercato del Forex

Immagine 14: EUR/JPY, Grafico Orario, dal 6 Giugno al 16 Giugno, 2017

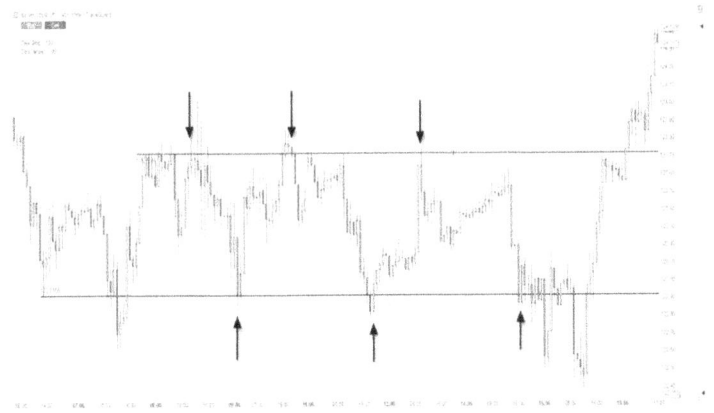

Un trading in range non è sempre facile da identificare. È importante, come già detto, che ci siano almeno due tet sulla linea di supporto e sulla linea di resistenza. Solo allora possiamo parlare di un range come nell'esempio precedente nel grafico orario di EUR/JPY. Solo dopo che il trader avesse scoperto il range avrebbe potuto determinare i segnali di trading (frecce nella tabella) che si riferiscono al range.

Nell'esempio sopra riportato in EUR/JPY vi erano sei segnali di trading: tre short (frecce in alto) e tre long (frecce in basso). Il range è stato impostato fra 123.71 e 122.91 e quindi ha una fluttuazione di 80 pips. Ciò è sufficiente per consentire una gestione ragionevole del rischio.

Se il trader sceglie un rapporto rischio / rendimento di 1:2, piazzerà l'ordine di stop loss a 40 pips dal prezzo di entrata.

Perché il trader possa realizzare il profitto non appena il mercato colpisce l'obiettivo del trade, consiglio sempre di utilizzare gli **ordini bracket** per il trading in range. Ciò significa che l'operatore può accompagnare la posizione allo stesso tempo con un ordine di stop-loss e un take-profit.

Questo porta molti vantaggi. Da una parte chiaramente definisce il rischio. Nell'immagine 14, il rischio era di 40 pips. Inoltre, l'obiettivo di prezzo è chiaro fin dall'inizio: 80 pips. Il trader sa pertanto che opererà nel range con profitto se supererà il 33,33%. In altre parole, il 60% dei trader può finire in una perdita; il risultato sarebbe ancora un profitto, anche se piccolo.

Queste preselezioni chiare e inequivocabili sono preziose se si vuole costruire un'attività vitale a lungo termine. I buoni operatori lavorano sempre con parametri cristallini, che possono descrivere in qualsiasi momento. Questo è anche il motivo per cui sono un fan del trading in range, perché qui sono il maestro del gioco.

Inoltre, non è necessario fare la babysitter ai propri trade, almeno fino a quando si lavora in tempi brevi di un'ora o più. La maggior parte di questi trade impiegherà parecchie ore fino ad alcuni giorni per raggiungere l'obiettivo di prezzo. È per questo che guardiamo i sei trade di EUR/JPY nell'immagine 14 più in dettaglio.

Trade 1: Short 123.71: Qui il mercato è arrivato vicino allo stop ma non ha l'colpito. Il mercato ha colpito l'ordine di take profit il giorno seguente.

Trade 2: Long 122.91: Il trade non ha mai avuto problemi. Il mercato ha colpito l'ordine di take profit quella sera stessa.

Trade 3: Short 123.71: Il mercato ha colpito l'ordine di take profit la sera del giorno successivo.

Trade 4: Long 122.91: Il mercato ha colpito l'ordine di take profit il giorno successivo.

Trade 5: Short 123.91: Il mercato ha colpito l'ordine di take profit dopo due giorni.

Trade 6: Long 122.91: Il mercato ha chiuso il trade il giorno successivo con una perdita di 40 pips.

I risultati di questi sei trade:

5 trade vincenti x 80 pips =   400 pips

1 trade in perdita x 40 pips =   40 pips

Totale netto: 360 pips

È anche interessante notare che il trade in perdita è stato causato da un falso breakout arrivato prima di quello reale. Chiunque lo avesse riconosciuto avrebbe potuto utilizzarlo per il trading, ma questo è un livello piuttosto avanzato, di cui mi occuperò più tardi.

È importante innanzitutto riconoscere i vantaggi della strategia di trading in range. Si tratta di una strategia poco spettacolare, ma che può avere molto successo se il trader la esegue costantemente.

Ora, come trader di range, non sarete sempre in grado di ottenere risultati così eccellenti come con in questi sei trade EUR/JPY. Ad esempio, tutti i trade in profitto hanno colpito l'obiettivo del prezzo, ma questo non succede sempre. In questo caso, il trader potrebbe sfruttare il massimo potenziale. Se uno o due dei suoi trade non riescono a colpire il target di prezzo o solo la metà, i risultati saranno chiaramente meno spettacolari.

Inoltre, su questi sei trade, si è verificata solo una perdita. Questo corrisponde ad un tasso di successo dell'83,33%, ovvero, ovviamente, eccellente. Il trader non sempre otterrà tale risultato. Tuttavia, anche i tassi

47

di successo del 50% sono di solito sufficienti per creare un business redditizio con questo metodo.

La base di questa attività è:

1. L'osservazione di un numero di setup utilizzabili

2. Un setup chiaro basato sul supporto e sulla resistenza

3. Un rapporto realistico di rischio / rendimento

Un operatore può farlo senza "monitorare" permanentemente i propri trade. Basta lavorare per una o due ore al giorno.

Immagine 15: GBP/JPY, Grafico a 2-ore, dal 26 Febbraio al 23 Marzo 2017

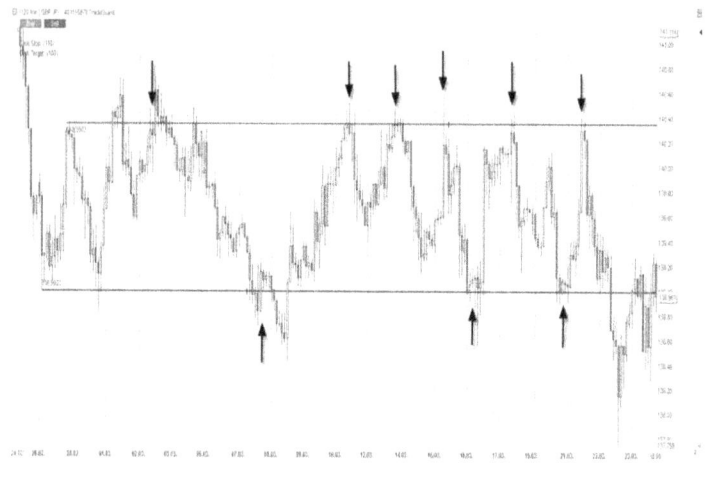

Un altro range che avevo utilizzato nella coppia GBP/JPY, ha generato nove segnali, sei sul lato short e tre sul lato long. Il limite superiore del range era stato impostato a 140,35. Il limite inferiore era di 139,00. Il margine di fluttuazione di questo intervallo è quindi di 135 pip, che ci si può attendere nel caso di un cross come GBP/JPY.

Se il trader assume lo stesso rapporto rischio / rendimento di EUR/JPY, il suo obiettivo di prezzo diventa di 135 pip e il suo rischio è pari a 67 pip. È interessante notare che in questo esempio non si è verificata nessuna perdita. C'erano alcuni falsi breakout che inizialmente erano contrari al trade, ma anche la prima posizione long (freccia sinistra inferiore), che era stata in perdita da due giorni, finalmente aveva colpito il suo obiettivo.

Tuttavia, due trade short non hanno colpito l'obiettivo (la seconda e la terza freccia in alto a sinistra). Sono ritornati alla linea di resistenza senza causare perdite. Vorrei pertanto considerare questi trade come operazioni di pareggio. Risultato = zero.

Nonostante questo difetto, sette operazioni hanno colpito il target di prezzo di 135 pip. In quattro settimane fa 935 pip!

Immagine 16: USD/CHF, Grafico Orario, dal 22 Gennaio al 31 Gennaio 2017

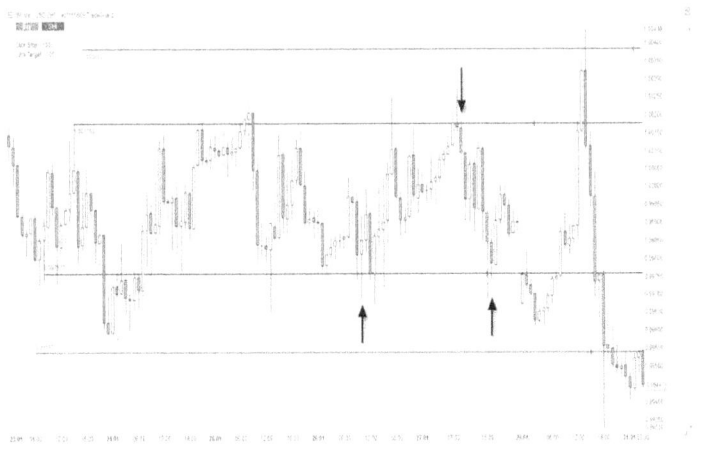

Ho trovato un range modesto alla fine di gennaio 2017 nella coppia USD/CHF. Il limite superiore era 1.0018. Il limite inferiore era 0.9972. In altre parole, la coppia in quel periodo è stata scambiata in parità (1.000).

Range a livelli così impressionanti si verificano spesso. Qui i lotti cambiano frequentemente i proprietari, come dimostra chiaramente questo range. Per un astuto trader di range, è una buona occasione per raccogliere alcuni pip all'ombra dei grandi giocatori.

Complessivamente, in questo periodo di nove giorni erano presenti tre segnali di trading validi (frecce), tutti utili. Il range era di soli 44 pips. Ciò significa che lo stop si è fermato a 21 pip dall'entrata. Le due righe rosse sopra e sotto indicano i posizionamenti degli stop dei trade. Il mercato non li ha mai colpiti.

Dopo che il secondo segnale long è stato acquistato (la freccia in basso a destra), il cambio ha aperto dopo il fine settimana con una piccolo discesa, ma la posizione non è mai stata in pericolo. Poche ore dopo, il mercato ha colpito l'ordine di take profit.

B. Esame approfondito di un periodo laterale nell'E-Mini

Immagine 17: E-mini, Grafico Heiken Ashi a 4-ore, dal 22 Maggio all'11 Luglio 2017

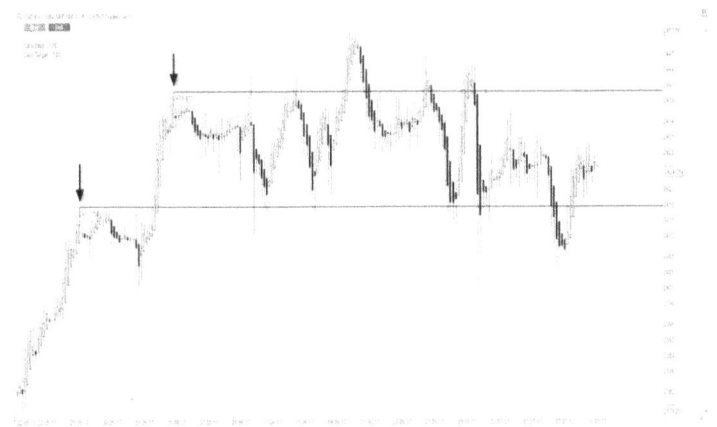

Fra la fine di maggio e la fine di luglio 2017, l'indice americano SP500 si è mosso in una fase laterale, che ora osserverò più da vicino. Le due frecce, che indicano due massimi significativi del rally precedentemente (a sinistra nel grafico), si sono dimostrati in seguito i due limiti del range. È stato quindi relativamente facile effettuare il trading. Osserviamo il periodo nel dettaglio:

Immagine 18: E-mini, Grafico Orario Heiken Ashi, dal 12 Giugno al 23 Giugno 2017

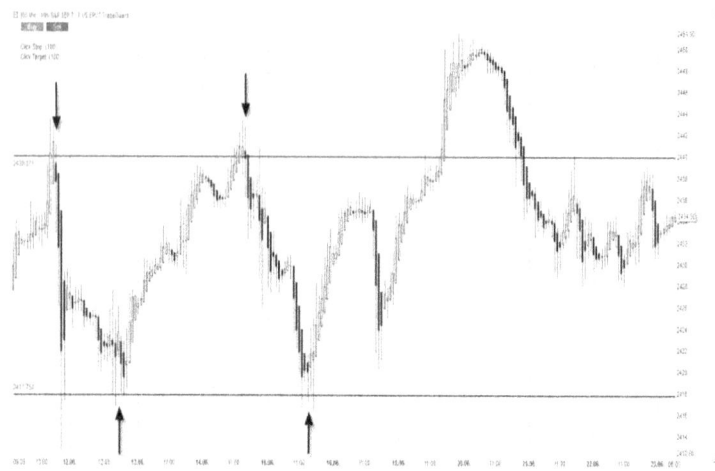

Le frecce sul grafico orario mostrano nuovamente i segnali di trading. C'erano due chiari segnali short, che colpivano entrambi il target (la linea del range inferiore). Anche i due segnali long erano redditizi. Il secondo segnale (la freccia in basso a destra) non ha colpito inizialmente l'obiettivo di prezzo, ma il trade non è mai stato realmente in pericolo.

Si potrebbe dire che non ho interpretato il primo test con il supporto come segnale (a sinistra nel grafico). È successo così in fretta che non c'era quasi nessuna possibilità per uno swing trader di utilizzarlo. Non c'era nessun segnale da prendere.

Dopo che il secondo segnale long ha raggiunto l'obiettivo di prezzo, il mercato ha rotto il limite superiore, in modo che il trader si aspettava un breakout positivo. In queste circostanze, il professionista non dovrebbe andare short. Non è stato così fino al giorno successivo in cui il mercato è tornato dentro al range.

Immagine 19: E-mini, Grafico Orario Heiken Ashi, dal 23 Giugno al 7 Luglio 2017

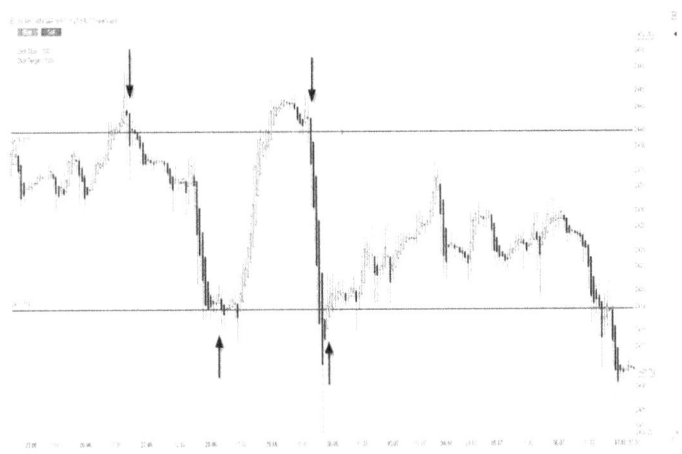

Nella sezione successiva dello stesso periodo, si erano verificati quattro segnali, due long e due short. I primi tre hanno colpito facilmente il target.

Al primo segnale short (la freccia nell'angolo in alto a sinistra), il mercato ha rotto la linea di resistenza a breve termine, ma poi ha formato uno spinning top prima di ritornare nel range.

Uno scenario simile è sorto con il secondo segnale short. Qui il mercato richiedeva un po' di pazienza da parte del trader, ma alla fine anche una spinning top aveva segnalato ai compratori che non avevano la forza necessaria per mantenere il mercato permanentemente al di sopra della resistenza.

Il primo segnale long (la freccia in basso a sinistra) è arrivato dopo che il mercato aveva raggiunto il fondo dell'intervallo. Qui sono comparse due doji, che hanno causato il segnale long. Tuttavia, ci sono volute ancora diverse ore prima che l'E-Mini si rialzasse di nuovo. Si può anche notare un piccolo cursore verso il basso. Chiunque avesse piazzato uno stop troppo stretto qui probabilmente sarebbe rimasto fuori dal mercato. Si tratta naturalmente di un caso classico di inganno o falso, di cui parlerò quando si tratterà della questione del settaggio degli stop e della minimizzazione del rischio.

Al secondo segnale lungo, il mercato è sceso sotto il supporto. Un trader dovrebbe osservare questa esagerazione e quindi acquistare nelle ore successive sul supporto. Alcune doji e spinning top forniscono molte opportunità di farlo. Finché le candele di heikin ashi sono in nero (o rosso), non c'è motivo di comprare. Solo quando il trader osserva che il trend al ribasso si indebolisce e il mercato ritorna nel range, dovrebbe considerare una posizione long.

Spero che possiate vedere che questo metodo non è adatto alle persone frettolose. Se manca un segnale, so che il prossimo arriverà comunque. È molto importante eseguire questo tipo di trading con cura. Dovreste agire solo quando c'è un segnale chiaro.

Il secondo segnale di acquisto (la freccia in basso a destra) non portava da nessuna parte. Non si è verificata una perdita, ma se un mercato come questo di giorno si muove lateralmente senza nemmeno raggiungere l'altro lato del range, è meglio nella mia esperienza chiudere gradualmente la posizione o superarla completamente.

Il trader può scalare la posizione in questo modo: supponiamo che il trader abbia acquistato tre contratti E-mini. Dopo che il mercato è salito in due giorni di trading per poi scendere nuovamente, il trader ha potuto vendere il primo contratto (con un piccolo profitto). Il giorno dopo, il mercato si è mosso di nuovo lateralmente senza toccare il limite superiore (l'obiettivo). Qui si sarebbe potuto vendere il secondo contratto e impostare lo stop loss in pareggio. Se ci si trova sul mercato da tre giorni senza aver raggiungere l'obiettivo di prezzo, la gestione del rischio dovrebbe entrare in gioco. Con l'ultimo contratto, il trader ha ora la possibilità di aspettare fino a che il mercato non raggiunge il punto di pareggio oppure di porre fine allo stop più vicino al mercato.

Tendo a preferire la seconda ipotesi. Non perché non mi fidi del mio metodo (dopotutto, l'obiettivo potrebbe essere comunque colpito), ma perché più un trade ne ha bisogno, meno probabile è che l'obiettivo di prezzo sia effettivamente raggiunto. Piuttosto, accade il contrario, come dimostra questo esempio.

Tuttavia, esiste anche una ragione più importante per la quale è necessario prendere in considerazione di porre fine al trade. Quasi niente logora i nervi di un operatore più di un mercato che non porta da nessuna parte. Certo, c'è sempre la possibilità che il trade porti finalmente al successo, ma questo sarà più piccolo ogni giorno che passa. Ecco perché è meglio concludere il trade e provare qualcosa di nuovo.

Sperimenterete mercati che danno al trader un "piccolo" profitto senza mai raggiungere l'obiettivo di prezzo. Come si può vedere chiaramente, chiudere la posizione è stata l'opzione migliore, dato che pochi giorni dopo il mercato è sceso sotto la linea di supporto.

C. Esame approfondito di un periodo laterale nell'FDAX

Immagine 20: FDAX, grafico a barre a 4 ore, dal 24 Marzo al 2 Agosto 2017

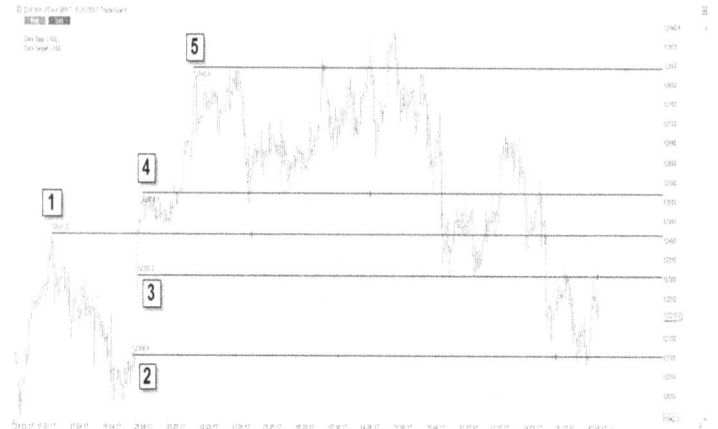

Se guardiamo a questo grafico a 4 ore sul future DAX, alcuni livelli sorprendenti sono degni di nota. Sul lato sinistro del grafico, ho segnato cinque punti che rappresentano cinque livelli di prezzo che hanno giocato un ruolo importante nelle settimane e nei mesi che seguirono e al momento dello screenshot stesso (2 agosto 2017).

1. Il primo livello di prezzo mostra un picco significativo a 12.413 il 3 aprile 2017 da cui è iniziata un'onda discendente. Più tardi in luglio, ha agito come supporto del range.

2. Il secondo livello di prezzo mostra il prezzo di chiusura di venerdì 21 aprile 2017 a 12.099. Era il venerdì precedente il primo turno delle elezioni francesi del 2017. Dopo che il candidato Emmanuel Macron ha vinto domenica 23 aprile, la FDAX ha aperto lunedì con un gap rialzista (Macron-Gap) di 185 punti. Nel corso della giornata, la FDAX è aumentata continuamente e il prezzo di chiusura è stato esattamente il massimo del Livello 1.

3. Il terzo livello di prezzo mostra il prezzo di apertura dopo l'elezione (Macron-Gap) a 12.305. Questo livello ha funzionato anche a luglio come supporto per un range e come resistenza ad un intervallo successivo alla fine di luglio.

4. Il quarto livello segna il primo massimo del rally Macron il 25 aprile a 12.518. Ha funzionato da resistenza del range il 1 luglio.

5. Il quinto livello segna il massimo preliminare del "Rally Macron", iniziato il 24 aprile. Il massimo si è verificato il 5 maggio a 12.841, e il mercato non aveva ancora eliminato questo livello al momento dello screenshot (2 agosto 2017).

Questi quattro "eventi" determineranno il campo di gioco per la FDAX nelle prossime settimane. Abbiamo riconosciuto il gap del 24 aprile nell'analisi tecnica come "Runaway Gap". Ciò significa che i compratori sono così dominanti da sorprendere i venditori e guidare un rally sul mercato senza guardarsi indietro.

Ora il "Rally Macron" era effettivamente positivo di 700 punti nella FDAX. Tuttavia, era ancora difficile da utilizzare, perché il trader avrebbe dovuto aprire una posizione long il venerdì prima delle elezioni. Avrebbe quindi dovuto ipotizzare che Macron avesse effettivamente vinto il primo round e che il mercato avrebbe poi risposto positivamente. La previsione ha indovinato questo scenario prima del giorno delle elezioni. Tuttavia, che cosa sarebbe successo se il risultato per il signor Macron non fosse stato così favorevole? Se l'avversario Le Pen avesse ottenuto un risultato favorevole, con una prospettiva realistica per vincere il secondo turno? La FDAX in questo scenario si sarebbe aperta con un gap inferiore di 185 punti? Uno stop loss non avrebbe aiutato. Il trader avrebbe dovuto subire una grossa perdita in questo caso.

Questa è anche una delle mie critiche al trading seguendo i trend. In questo caso, il trader in trend deve lavorare con stop lontani dal prezzo corrente. In altre parole, per fare trading sul rally Macron di 700 punti, il trader dovrebbe avere una distanza minima di stop di 200 punti; altrimenti, rischierebbe di essere tirato fuori dal mercato con una contromossa casuale. Ora, i rapporti rischio/rendimento di 2:7 sono ancora molto buoni. Tuttavia, pochissimi trader sarebbero in grado di operare con un future DAX. La maggior parte dei trader avrebbe bisogno di strumenti finanziari con una leva inferiore, come un ETF sul DAX.

In altre parole, negoziare questo tipo di trend è abbastanza fattibile, ma il trader dovrebbe quindi utilizzare almeno il grafico a 4 ore o ancora meglio un grafico giornaliero. Io definisco questo metodo come swing trading. Ho descritto come utilizzarlo nel mio libro in tre parti "Swing trading con il grafico a 4 ore."

I trader che avevano perso il rally Macron (molti), avevano poi il problema di entrare in un ambiente di mercato impegnato a "digerire" il rally Macron.

Dopo che il FDAX ha fatto segnare il primo swing di 12.842 punti il 5 maggio, è andato avanti per settimane in un intervallo di trading con un margine di fluttuazione di appena 200-250 punti. Il rally Macron era quindi di nuovo l'eccezione, mentre il range, che seguiva, formava la regola.

Il FDAX ha cercato di conquistare il massimo dal 5 maggio un certo numero di volte, ma questo è accaduto solo nel breve termine, come mostrano chiaramente i falsi breakout sulla linea di resistenza orizzontale superiore. Pertanto, se il trader che opera in trend sperava che il mercato continuasse il rally Macron con i breakout, avrebbe dovuto chiudere le sue posizioni dopo poche ore con una perdita. Vediamo che il FDAX è tornato a 200 punti dopo ogni tentativo di breakout, confermando e rafforzando il range.

Complessivamente, ci sono stati più di 10 tentativi di rompere la resistenza superiore di 12.842 punti. Al momento dello screenshot, il FDAX non era ancora riuscito a superare questa resistenza. Poiché sono necessari almeno due test in modo che il trader possa identificare un trading range in quanto tale, i primi due non rappresentano i segnali per il trader che opera sui range. Solo a partire dal terzo test, sarebbe stato possibile aprire una posizione short con il supporto del target di prezzo. Se ne sono verificati otto, sette dei quali avevano realizzato profitti. Il breakout del 19 giugno, tuttavia, ha avuto successo, anche se il mercato è rientrato nel range il giorno successivo.

Il range è durato due mesi, mentre il "Rally Macron" ha richiesto solo nove giorni di trading. Ciò dimostra di fatto che i movimenti di tendenza in genere richiedono poco tempo, mentre nella maggior parte dei casi i mercati non si muovono all'interno di un trend. La domanda è, naturalmente: un operatore può trarre profitto da qualcuno di questi importanti movimenti di trend e andare dentro e fuori con il giusto timing sul mercato?

Se potete rispondere chiaramente a questa domanda con un "sì", allora congratulazioni: vi consiglio di diventare trader che lavora sul trend. Se la risposta è "no", vi esorto a mettere in dubbio la vostra intenzione di operare sui "trend" nei mercati.

Immagine 21: FDAX, Grafico a 4 ore, dal 5 Maggio al 25 Maggio 2017

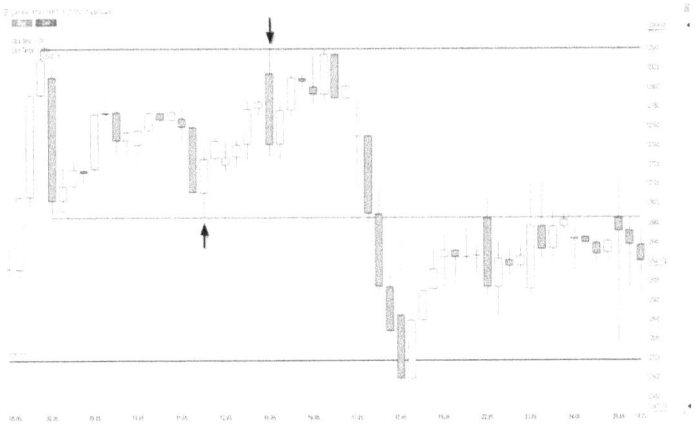

Nell'esempio sopra riportato nell'immagine 21, le due frecce mostrano il momento in cui il mercato ha confermato il range. Da questo momento, il trader ha avuto un chiaro "campo di gioco". Il limite superiore era ancora il massimo del 5 maggio 2017 a 12.840. Per il limite inferiore (il centro della linea orizzontale rossa), ci sono voluti due minimi sul grafico a 4 ore al prezzo di 12.667. In altre parole, il trading range del FDAX era di soli 174 punti. Tuttavia, questo è sufficiente per un buon trader che opera sui range per ottenere segnali redditizi.

Il mercato ha confermato il range con il test successivo (la freccia in alto) poche ore dopo. È interessante notare che i compratori non hanno realmente toccato il livello di resistenza a 12,840. Mancavano due punti. Se vedete qualcosa di simile, potreste ottenere informazioni interessanti dal mercato. Gli acquirenti sembrano non avere la forza (e il denaro) per colpire anche la linea di resistenza, il che indica una momentanea debolezza. In realtà, poche ore dopo, il mercato è andato nella direzione opposta. È un'informazione sufficiente per un trade short?

Per me, non lo è. Mi piacerebbe avere una conferma sulla linea di resistenza, che mi mostra la "stanchezza" dei tori. Poiché questo mancava, non ho piazzato una posizione short.

Il DAX ha quindi effettuato un'immersione a sud e ha raggiunto rapidamente il limite inferiore dell'intervallo a 12.666 (linea rossa). Dovrei piazzare a questo punto una posizione di acquisto in quanto range trader? Ancora una volta, il semplice test della linea di supporto non è sufficiente per il trade. Mi piacerebbe vedere una conferma del mercato che il trend riprenderà presto nella direzione opposta.

Come si può vedere chiaramente, questa conferma non è mai arrivata, ma il DAX è sceso anche sotto il limite inferiore del range. Quindi se tu avessi avuto gli occhi azzurri per molto tempo qui saresti stato mangiato vivo dagli orsi. Il FDAX non è andato da nessuna parte comunque arbitrariamente. Ha praticamente raggiunto il primo massimo del rally Macron a 12,518 (la linea blu orizzontale inferiore). In realtà, è andato pochi punti sotto a 12.500. Tuttavia, possiamo vedere chiaramente che il mercato qui si è girato.

Immagine 22: FDAX, Grafico Orario Heikin Ashi, dal 17 Maggio all'1 Giugno 2017

Ora ingrandiamo leggermente il grafico e lo osserviamo per un periodo di circa due settimane in cui il FDAX è rimasto al di sotto della linea rossa centrale (sopra).

Dopo essere scivolato in basso sulla linea blu (il primo massimo del rally Macron) a 12,518, il mercato si è trasformato ed ha formato nel grafico orario una spinning top che segna un equilibrio tra compratori e venditori. Qui si poteva piazzare una posizione long (freccia verde inferiore) con un obiettivo di prezzo di 12.666, quindi la linea centrale rossa. Il DAX ha raggiunto questo obiettivo.

Si sono verificati tre test sulla linea di resistenza rossa, ma fra i tre segnali short, solo uno (la freccia rossa superiore) è stato eseguito. Sfortunatamente, questo trade non ha raggiunto l'obiettivo di prezzo e il trader ha dovuto uscire dal mercato con una piccola perdita.

Successivamente, il FDAX è rimasto all'interno del range e ha prodotto solo un segnale short, senza esecuzione.

Immagine 23, FDAX, Grafico Orario dall'1 Giugno al 22 Giugno 2017

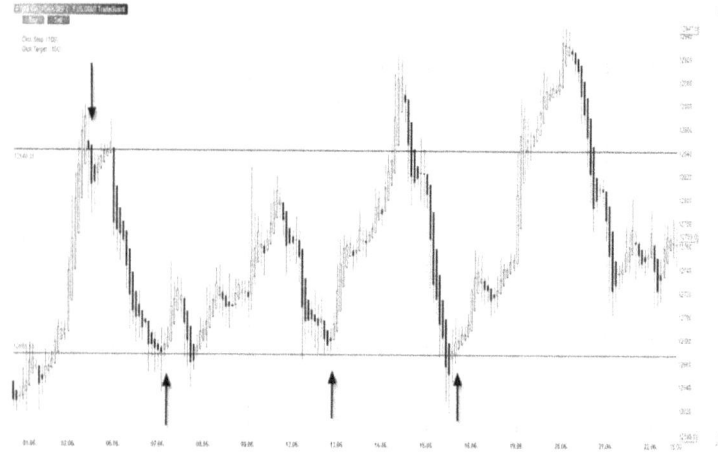

Dopo che il FDAX ha riconquistato la linea centrale rossa il 1° giugno 2017, abbiamo nuovamente ricevuto alcuni segnali di trading. Un segnale short è arrivato il 2 giugno (la freccia sinistra in alto) dopo che il FDAX aveva raggiunto il massimo del rally Macron a 12,840. Dopo aver superato questo livello, il mercato ha prodotto una spinning top che ha innescato il segnale short. Il trader sarebbe potuto andare short al limite superiore del range senza dimenticare che il mercato avrebbe comunque potuto riprendere il "Macron-Rally" in qualsiasi momento.

Le migliori probabilità erano chiaramente sul lato long. Abbiamo ottenuto tre segnali d'acquisto (le tre frecce in basso), tutti e tre redditizi. Solo il primo segnale (la freccia in basso a sinistra) non ha colpito il target (la linea orizzontale superiore). Gli altri due lo hanno addirittura superato.

Dobbiamo considerare i due breakout sopra al limite superiore come positivi, anche se in seguito si sono rivelati falsi segnali. Il trader non poteva saperlo al momento del breakout. Pertanto, è sempre meglio attendere un chiaro segnale di debolezza sul limite superiore della parete. Questo non si è verificato nelle prime ore dopo il breakout ed è il motivo per cui non andrei short qui.

Nel complesso, la considerazione più approfondita di una fase laterale più lunga nel FDAX mostra che questo può portare a diversi segnali di trading interessanti, a condizione che il trader abbia la pazienza di aspettarli. Ciò che è decisivo è, ovviamente, che il trader è in grado di "guardare a sinistra nella tabella".

10. Strategie Avanzate

A. Limiti opportunistici

Dopo aver padroneggiato la strategia di base del trading in range, arriva il momento di pensare a strategie più avanzate. Sebbene la strategia di base, applicata correttamente, possa essere molto redditizia, ha senso cominciare ad operare con metodi che potreste non aver provato all'inizio.

Uno di questi metodi è l'uso dei cosiddetti "limiti opportunistici". Un limite opportunistico è un "prezzo d'occasione", in cui il prezzo di esecuzione è chiaramente al di sotto dell'ultimo prezzo di trading. Nel caso di una posizione short, il prezzo di esecuzione è chiaramente superiore all'ultimo prezzo di trading.

I trader che amano lavorare con questo tipo di ordine limite, speculano su valori anomali dei prezzi a breve termine. Di solito i mercati tornano verso la media entro breve tempo. Il caso classico è il già citato flash crash, in cui i venditori improvvisamente hanno spazzato via il portafoglio ordini dal mercato eliminando gli acquirenti. Il mercato di solito fa dei break in pochi minuti fino a raggiungere un livello talmente basso sul quale gli acquirenti riprendono il controllo.

Questo è stato il caso, ad esempio, dell'indice americano SP500 del 6 maggio 2010. In sei minuti, l'indice è diminuito del 6%. Nell'indice Dow Jones Industrials, il calo è stato addirittura superiore al 9%, il che ha comportato una perdita di quasi 1000 punti! Un evento mai verificatosi fino a quel momento. Alcune azioni hanno perso oltre il 99% del loro valore nel breve termine.

Altrettanto spettacolare è stato il flash crash del 7 ottobre 2016 della sterlina britannica, del 10% rispetto al dollaro USA. Tuttavia, la sterlina è riuscita a recuperare rapidamente e ridurre la perdita all'1,5%.

Un evento estremo si è verificato nella criptovaluta Ethereum. Il prezzo di questo strumento finanziario è sceso il 21 giugno 2017 in pochi minuti da $ 296 a $ 13 per poi recuperare completamente.

Le ragioni di tali eventi estremi possono essere diverse. Il fatto è che un mercato finanziario può implodere a causa di una carenza imminente di acquirenti o un'eccedenza di venditori.

Tali eventi, tuttavia, sono difficili o impossibili da prevedere. Si verificano così raramente che è quasi impossibile trarne profitto.

Ora la "caduta" non deve essere sempre così estrema. Occasionali movimenti estremi verso l'alto o verso il basso si verificano in ogni mercato e, a mio avviso, esiste un metodo per trarne vantaggio. Soprattutto se un mercato è in un trend laterale.

Invece di essere la vittima di una caduta del genere (per esagerare l'ordine di stop loss può portare il range trader fuori dal mercato), il trader potrebbe rovesciare il discorso e speculare su questi valori anomali. Invece di piazzare un limite buy sulla linea di supporto (o limitare la vendita sulla linea di resistenza), potrebbe aspettare fino a quando non si fosse verificato uno scivolone e piazzare quindi un limite di buy sotto la linea di supporto nella speranza che una breve break potesse far eseguire l'ordine.

Pertanto chiamo questo tipo di ordine un "limite opportunistico", perché il trader non è soddisfatto del prezzo corrente ma vuole entrare nel mercato ad un prezzo migliore. L'operatore va per così dire fra i "cacciatori d'occasioni".

Ora, non è mai stato sbagliato cercare di ottenere un prezzo più basso per qualcosa che vale in realtà di più. In molti paesi, i trader considerano persino la contrattazione come una pratica accettata.

Io stesso appartengo a questa specie di trader. Ad esempio, dal momento che viaggio molto, mi piace cercare di non pagare mai il prezzo dell'affitto proposto dal proprietario dell'immobile (che di solito è gonfiato), ma preferisco proporre vigorosamente un prezzo sotto al "prezzo di mercato".

Una volta sono riuscito a ottenere un bellissimo appartamento con vista sull'oceano nel centro di Larnaca a Cipro a 400 euro per quattro settimane. La possibilità è arrivata dopo che avevo ricevuto solo otto cancellazioni da altri proprietari di immobili (o nessuna risposta). Normalmente l'appartamento costava circa 1200 euro. Mi hanno persino offerto un taxi gratuito dall'aeroporto al centro. Quando ho fatto il check-in, il simpatico manager del condominio mi ha guardato con un look da "come hai fatto a strappare questo prezzo". Sua figlia aveva accettato la mia offerta online e, quando mi ha consegnato la chiave, ho sentito letteralmente che stava digrignando i denti brontolando: "Per questa volta, ma che non succeda mai più".

In realtà, non aveva affittato neanche la metà dei suoi appartamenti durante il mio soggiorno. Pertanto, poteva scegliere: o continuava con la sua testardaggine a mantenere il prezzo di affitto, oppure accettava i miei 400 euro. Sua figlia ha deciso di prendere i 400 euro.

Questo semplice principio di business è valido in tutti gli ambiti della vita. In borsa, tuttavia, ho spesso l'impressione che i trader vogliano pagare 1200 euro e anche un po' di più. Potrebbero pensare: "Beh, se questo è il prezzo che è nel catalogo, probabilmente sarà corretto".

Sfortunatamente, questa ingenua mentalità è un piacere costoso. Spesso gli ordini stop-loss sono eseguiti esattamente al prezzo a cui avrebbero dovuto collocare il loro limite opportunistico. In breve, i professionisti hanno calato i pantaloni.

Ora questo tipo di contrattazione non sempre funziona e il prezzo si mantiene molto al di sopra della linea di supporto. Bene, in questo caso non si mantiene una posizione. È semplice.

Alcuni trader non accettano il fatto di non avere una posizione. Ne vogliono sempre e comunque una, qualunque sia il costo.

Il mio suggerimento, tuttavia, è di essere un po' più avari: è comunque meglio lasciare una posizione piuttosto che comprarne una troppo costosa. So che non è lo stesso per tutti, ma di solito è più redditizio. Ad esempio, vorrei mostrare alcuni trade opportunistici nella coppia EUR / USD.

Immagine 24: EUR / USD, Grafico a 4 Ore, dal 19 Maggio al 13 Giugno 2017

Non è possibile riconoscere il trading range a prima vista (le due linee blu interne) anche se nel complesso erano adatte ad un range di 80 pips in EUR/USD. Le linee superiori e inferiori rosse sono i livelli in cui avevo piazzato i "limiti opportunistici". Di solito seleziono metà dell'intervallo (in questo caso, 40 pips) per i limiti opportunistici. Questo è il livello in cui la maggior parte delle "scivolate" si verificano negli intervalli di trading, secondo la mia esperienza.

Se avessi lavorato con il metodo di base, il mercato mi avrebbe bloccato con una perdita. Il mercato ha eseguito il limite opportunistico quattro volte: due posizioni di acquisto (frecce verdi in basso) e due posizioni short (frecce rosse in alto).

L'obiettivo di prezzo è il limite opposto dell'intervallo, come abbiamo sottolineato nel metodo di base. Nel caso di una posizione d'acquisto, si posiziona sul limite superiore o resistenza. Per un trade short, miriamo al limite inferiore o al supporto.

Questo ha funzionato molto bene in tre dei quattro casi. Solo il secondo short ha colpito lo stop perché la coppia EUR/USD è esplosa. L'ordine di stop loss va piazzato sulla metà del range sotto il livello buy (in questo caso, 40 pips sotto il limite opportunistico). In questo caso, avremmo:

3 trade vincenti: 3 x 120 pips = 360 pips

1 trade perdente: 1 x 40 pips =   40 pips

Totale netto   320 pips

Immagine 25: EUR/USD, Grafico a 4 Ore, dal 19 Maggio al 13 Giugno 2017 (metodo di base)

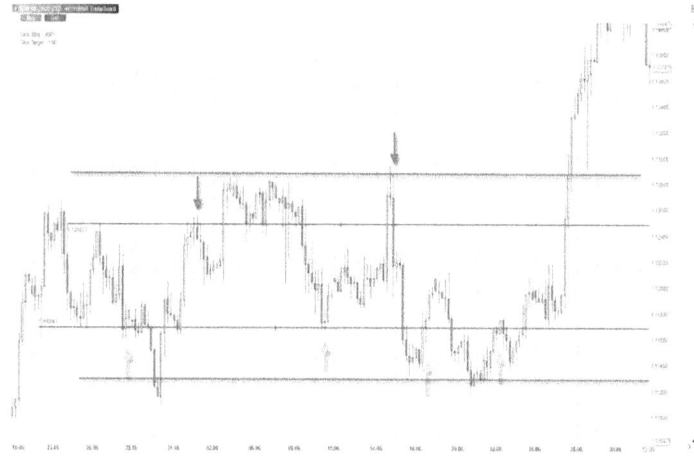

Se il trader avesse agito con il metodo di base, avrebbe ricevuto sei segnali di trading invece di quattro: quattro segnali long e due segnali short. Dei quattro segnali long, due colpiscono il target e due colpiscono lo stop (la linea rossa in basso). I due segnali short colpiscono l'obiettivo di prezzo. Anche qui, guardiamo i risultati:

Quattro trade vincenti: 4 x 80 pips =   320 pips

Due trade perdenti: 2 x 40 pips =   80 pips

Totale netto: 2   40 pips

Sarei abbastanza soddisfatto di questo risultato. Tuttavia, se lo si confronta con il metodo del limite opportunistico, si dovrebbe scommettere su quest'ultimo perché i risultati sono addirittura migliori. Inoltre, il metodo opportunistico richiedeva solo quattro operazioni per ottenere un risultato migliore e il rapporto rischio / rendimento è migliore: 1:3.

Lo svantaggio del metodo opportunistico è, ovviamente, che il trader non otterrà sempre un'esecuzione. La domanda è: è davvero uno svantaggio se serve a salvare di tanto in tanto dai trade perdenti?.

So che alcuni lettori saranno confusi da questa "alternativa opportunistica". La domanda che potrebbe emergere è: cosa è meglio adesso? Il metodo di base o il metodo del limite opportunistico?

Penso che la risposta sia quasi filosofica. Che tipo di filosofia di trading preferite? Una filosofia che accetta il prezzo corrente e insiste sul fatto che stop-loss, rapporto rischio / rendimento e tasso di successo facciano il lavoro duro al vostro posto?

Oppure, preferite la "filosofia di Scrooge", il che significa che il mercato vi dà occasionalmente uno sconto? Gli operatori in questo caso devono, ovviamente, essere trader pazienti, perché ci può volere molto tempo prima che lo sconto si verifichi o addirittura, esso può non verificarsi affatto.

Potrebbe essere possibile combinare entrambi i metodi. In questo caso, il trader scambia supporto e resistenza senza se e senza ma, ma allo stesso tempo, impone un ulteriore limite opportunistico nel caso in cui il mercato occasionalmente faccia una scivolata.

La combinazione di entrambi i metodi porta naturalmente a più trade. Se si inizia con il metodo di base, a volte si ottiene una seconda possibilità grazie al limite opportunistico.

B. Fakeouts

Il fakeout (falso breakout) lo definisco come una variante del limite opportunistico, anche se qui sta succedendo qualcos'altro. Un fakeout non è altro che un inganno che alcuni partecipanti al mercato mettono in scena. Sono piuttosto frequenti nei mercati in range perché qui la liquidità è inferiore al solito. È quindi relativamente facile realizzare un fakeout per un trader di medie dimensioni. Un esempio può illustrare meglio il fenomeno.

Immagine 26: GBP/USD, Grafico Orario, dal 20 Aprile al 23 Aprile 2017

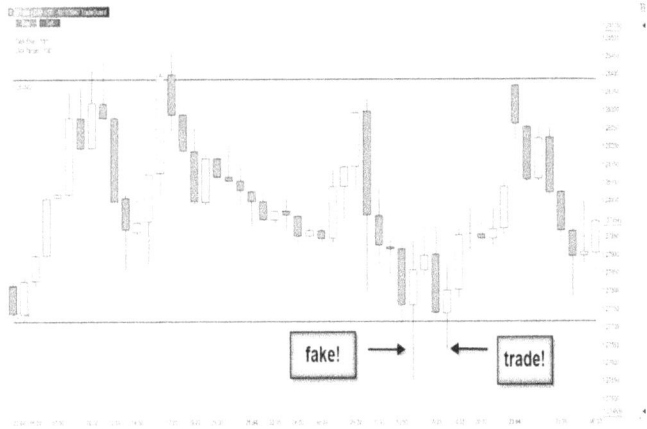

Il 21 aprile 2017, il mercato è sceso al di sotto dell'intervallo (fakeout) per rientrare nell'intervallo entro la stessa ora. Questo accade abbastanza frequentemente e potrebbe essere una possibilità per un bravo trader che opera sul range. Tuttavia, non si tratta di cercare di fare trading col fakeout stesso. Quando esso si verifica, il trader può effettuare un acquisto limitato sulla linea di supporto. La probabilità che il mercato esegua l'ordine è solitamente alta.

71

Tuttavia, il trader potrebbe provare a collocare un ordine limite leggermente più basso, ad esempio a metà dell'altezza della candela "fake". Spesso, le candele fake non appaiono da sole ed è possibile osservare più attività intorno alla candela stessa come nell'esempio della coppia GBP/USD. In questo caso, due ore dopo, si è verificata un'altra piccola candela falsa che ha eseguito l'ordine programmato leggermente sotto la linea di supporto.

Se il trader riesce a farlo con successo, di solito ottiene un prezzo molto favorevole sul mercato. Il mercato ha eseguito l'ordine take profit solo dopo il fine settimana, cioè all'apertura di domenica sera (23.00 CET).

Secondo me, i fakout sono tra i modelli più redditizi nei mercati di oggi. Spesso scoprirete che movimenti significativi nel mercato iniziano con un fakeout. Il mercato sembra quindi in primo luogo muoversi nella direzione sbagliata prima che arrivi la vera e propria mossa. È come se alcuni operatori del mercato ancora una volta volessero entrare nel mercato a prezzi veramente bassi prima di spingerli verso l'alto (o verso il basso, al ribasso).

Se siete interessati al trading con i fakout, vi consiglio la seconda parte del mio libro: "Swing trading con il grafico a 4 ore." Nel volume "Fai trading con i falsi segnali" approfondirò l'argomento e mostrerò come sviluppare una strategia molto redditizia basata interamente sui fakeout.

11. Canali di Tendenza (Trading con i Canali)

La comunità dei trader considera di solito il trading sui range come una variante del termine più ampio "canale di trading". Cosa intendo con questo?

Il canale di trading è il nome di qualsiasi tipo di trading in cui due linee equidistanti hanno un range di resistenza e un range di supporto. Le linee equidistanti possono essere disegnate orizzontalmente come abbiamo visto nel trading con i range. Possono anche essere ascendenti o discendenti. In questa forma, ovviamente, segnano una sorta di trend e quindi parliamo di un canale di tendenza.

Molte piattaforme di trading dispongono già di strumenti per il disegno automatico dei trend channel. Se è possibile collegare minimi significativi l'uno all'altro in un trend, la linea di resistenza è automaticamente equidistante. Il trader di solito ha bisogno di fare qualche aggiustamento per identificare il canale.

Se si osservano i canali di tendenza, si potrebbe concludere che sono molto più comuni di quanto ci si possa aspettare. Inoltre, gli attori del mercato sembrano attenersi ai test del trend channel. Questo è il motivo per cui credo che il canale di trading o trading con i canali di tendenza debba sicuramente far parte del repertorio di un trader che opera sui range. Mentre gli intervalli orizzontali sono più facili da riconoscere a prima vista o forse sono più facili da utilizzare, essi non si verificano tanto spesso quanto i canali di tendenza.

Immagine 27: AUD/USD, Grafico Orario dal 7 Febbraio al 28 Febbraio 2017

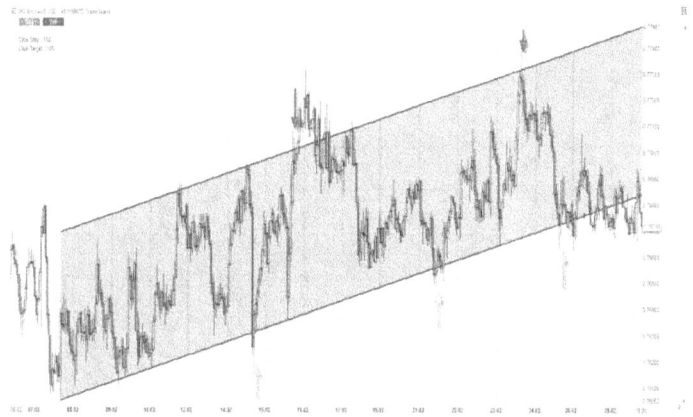

Ho scoperto un canale di tendenza in questo grafico orario della coppia AUD/USD, che potrebbe non essere evidente a prima vista. Solo i massimi crescenti che formavano la base del canale disegnavano un trend crescente in questo mercato.

I trend channel sono un po' più difficili rispetto al trading in range perché l'obiettivo di prezzo non può essere determinato esattamente. Il principio è simile al trading in range: si compra sulla linea di supporto con obiettivo la linea di resistenza e viceversa.

Se si disegnano linee orizzontali, trovare il target è facile. Se le linee sono equidistanti ma ascendenti, il trader non può sapere a che punto il mercato raggiungerà il limite superiore del canale di trend. Può stimarlo, ma questa stima non è affatto certa. Il mercato potrebbe impiegare più tempo per raggiungere l'obiettivo di prezzo. Ciò significa, ovviamente, che non può lavorare con ordini statici. Deve uscire (chiudere) manualmente dalla transazione.

Per evitare questa lacuna, il trader potrebbe tuttavia lavorare con un ordine take-profit e impostarlo su "ambizioso", che è leggermente superiore alla stima del prezzo al quale il mercato raggiungerà il limite superiore del canale. Non appena il trade inizia a muoversi a suo favore, può regolare manualmente l'ordine take-profit.

Nell'esempio mostrato nell'immagine 27, c'erano un totale di cinque segnali di trading, tre segnali long e due short. Le prime due operazioni long hanno raggiunto l'obiettivo di prezzo. Nel terzo trade l'operatore è dovuto uscire dal mercato a causa della mancanza del trend con una piccola perdita o un pareggio.

Il primo trade short si è concluso in perdita o ha colpito il target di prezzo, a seconda dello stop. Per quanto riguarda lo stop, vale lo stesso di quanto detto per il trading di range. Ho impostato lo stop al 50% dell'intervallo del canale. In questo caso, la larghezza della fluttuazione era di 63 pips. Ho quindi messo lo stop a 32 pips sopra l'entrata. La seconda posizione short ha colpito l'obiettivo di prezzo.

Affinché la configurazione sia chiara, presenterò un trade nel rapporto di cambio USD/CAD:

Immagine 28: USD / CAD, Grafico Giornaliero, dal 9 Ottobre al 21 Dicembre 2016

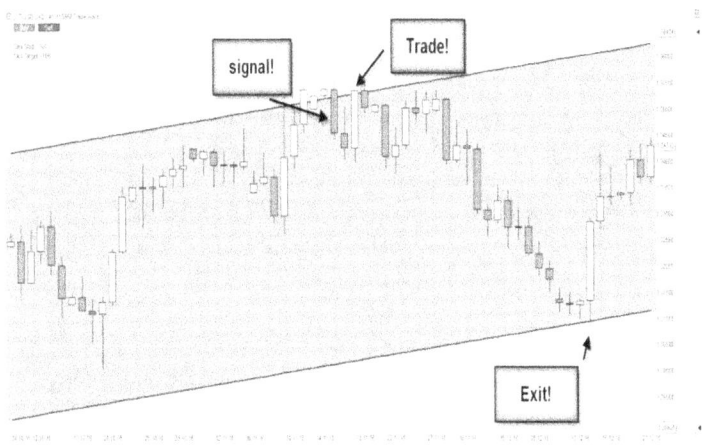

Sul grafico giornaliero, il cambio ha raggiunto il limite superiore del canale di tendenza l'11 novembre 2016 e ha chiuso sopra il canale. Durante i successivi due giorni di trading, la coppia valutaria è rimasta sopra il limite superiore del canale. Tuttavia, la candela del secondo giorno ha formato una pin bar. Questa è stata la prima indicazione che il "breakout" sul canale sarebbe probabilmente fallito, il che è successo poi con la candela rossa il giorno successivo (segnale, freccia sopra). Questa candela formava il segnale short. Solo allora, il trader è riuscito a piazzare un ordine di vendita limitato con la linea di supporto del canale come target. L'esecuzione di questo ordine non è avvenuta lo stesso giorno, ma il giorno successivo, quando il cambio ha nuovamente attaccato il limite superiore con una candela bianca (il 17 novembre 2016).

Il mercato ha colpito l'ordine take profit il 14 dicembre 2016 (la freccia in basso). Il risultato del trading è stato buono: 450 pips.

Dovreste fare trading con il trend quando avete a che fare con i canali di tendenza? La risposta sembra ovvia: no. Tuttavia, questa non è la mia esperienza. Come mostra l'esempio precedente, il trend di USD/CAD è crescente. Tuttavia, potresti guadagnare bene con una posizione short. Chiamiamo canali di tendenza i canali in cui il prezzo resta all'interno del canale. Questo significa solo che le probabilità direzionali sono da entrambe le parti.

Ciò vale anche per il breakout dal canale di tendenza che può verificarsi in qualsiasi momento ed esaurire il canale. Questo breakout può avvenire nella direzione in cui punta il canale di trend. Tuttavia, molto spesso accade il contrario. Pertanto, non si dovrebbe speculare su questo o quell'output, ma solo lavorare sul canale e nient'altro.

Da un punto di vista psicologico, questo è forse il più grande vantaggio del trading di range e del trading sul trend channel: entrata, stop e target di prezzo sono chiaramente definiti.

La mia esperienza è che molti trader principianti possono spendere mesi, in alcuni casi anche anni, a capire dove acquistare (o vendere), dove mettere lo stop e dove chiudere il trade (ottenere profitto). Ancora una volta, sottolineo che tali domande sono quello che sono: domande da principianti.

Il vantaggio del trading sui range è abbastanza chiaro: risponde a tutte queste domande fin dall'inizio. Perché è il range stesso che fornisce una risposta.

12. Che cosa è Davvero Importante

Quali domande dovrebbe affrontare un trader se non sono (apparentemente) importanti: ingresso, stop e uscita? La mia risposta è questa: ogni trader esperto si occupa delle domande veramente importanti, vale a dire:

1. Qual è il profitto medio delle mie operazioni vincenti?

2. Qual è la perdita media delle mie operazioni in perdita?

3. Quanto è alto (o basso) il tasso di successo del mio sistema?

4. Qual è il payoff ratio (il rapporto tra profitto medio e perdita media?)

5. Infine, quanto profitto posso aspettarmi da ogni trade che inserisco? Qual è l'aspettativa del mio sistema di trading?

Mi sono occupato ampiamente di questi cinque parametri, che influiscono sulla redditività di una strategia di trading nella terza parte della mia serie di scalping "Lo scalping è divertente". In questo volume presento un trader di nome Jenny, che ho accompagnato per 12 settimane. Il libro tratta esclusivamente le cinque domande sopra menzionate.

È possibile guadagnare denaro come trader se la risposta alla quinta domanda è positiva: il trader può aspettarsi un risultato statisticamente positivo per ogni trade in cui entra? Non per ogni trade, ma in media? Le altre quattro domande riguardano quindi il livello di questa aspettativa.

Inoltre, è possibile ottimizzare un sistema di trading per aumentarne la redditività. Ho provato a dimostrare come farlo usando la strategia di scalping di Jenny.

Con il range e la strategia basata sui canali, i trader hanno il grande vantaggio di essere in grado di affrontare le cinque domande importanti del trading. In altre parole, esiste la possibilità che la curva di apprendimento di un trader di questo tipo possa andare più veloce del solito.

Ora alcuni lettori potrebbero chiedersi se il trading in range è compatibile con il mio sistema di scalping Heikin Ashi. La risposta è sì, ovviamente!

Quasi in nessun caso lo scalping Heikin Ashi in controtendenza lavora meglio a nostro vantaggio rispetto all'uso del principio basato su supporto e resistenza in un range (o in un canale). Ecco di nuovo l'esempio di giugno 2017 nel FDAX (vedi anche immagine 23).

Immagine 29, FDAX, Grafico Orario, dal 1 Giugno al 22 Giugno 2017

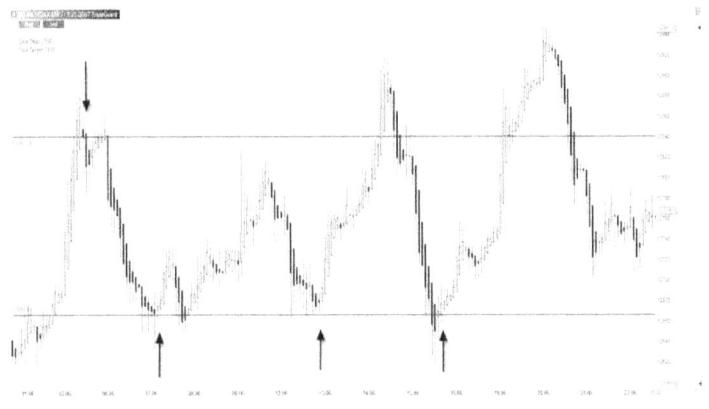

In questo esempio, un trader che usa le candele heikin ashi, specializzato nel trading range, ha ottenuto quattro bei segnali operativi (le frecce nel grafico). Ovviamente, il mercato a volte va oltre l'obiettivo, come mostrano chiaramente i due falsi breakout oltre il limite superiore del range (proprio nel grafico). Tuttavia, qui un trader intelligente, che

79

lavora con limiti opportunistici, potrebbe ottenere un vantaggio reale. Chiunque sarebbe andato short due volte, non appena il colore delle candele di heikin ashi fosse cambiato da bianco a nero, avrebbe guadagnato un profitto ancora maggiore di quello che avrebbe ottenuto se avesse operato nel range stesso.

L'uso delle candele heikin ashi può dare una spinta extra al vostro trading sul range. Il trader ha una conferma ulteriore nel momento in cui il colore cambia sulla linea di supporto o sulla linea di resistenza. Questo rende il segnale di trading più forte. Se il cambio di colore si verifica al di fuori dell'intervallo, il trader spesso ottiene segnali ancora migliori.

13. Trading in Range per Trader Giornalieri e Scalper

Dopo aver letto le mie opinioni sul trading in range nell'area del grafico a 1 ora e 4 ore, le persone spesso si chiedono se le strategie menzionate potrebbero applicarsi a periodi più brevi. In altre parole, i trader di giornata e persino gli scalper possono trarre vantaggio da questo metodo?

La risposta è un chiaro "sì". È una peculiarità dei mercati finanziari: il modo in cui sviluppano i modelli è possibile a ogni livello temporale. È anche di grande importanza che i trader che si muovono su intervalli di tempo più brevi non trascurino i tempi più lunghi. Perché sono i giocatori che operano sul lungo periodo che alla fine spostano il mercato. Per illustrare questo, diamo un'occhiata al grafico orario del FDAX dal 3 luglio al 21 luglio 2017.

Immagine 30: FDAX, Grafico Orario, dal 3 Luglio al 21 Luglio 2017

Questo grafico illustra ancora una volta il fatto che il mercato è prevalentemente in modalità "laterale", mentre i periodi di trend sono piuttosto brevi. Naturalmente, ci sono delle eccezioni in cui i mercati possono muoversi (o scendere) di qualche settimana o anche di uno o due mesi. Spesso accadrà quindi che dopo un tale movimento il mercato si consolida per mesi senza un trend. Ecco perché dovremmo occuparci di questi "periodi senza trend".

Un altro fenomeno interessante che mostra il grafico sopra citato è il fatto che i mercati amano tornare in certe zone predefinite, anche dopo che le hanno lasciate per alcuni giorni (o settimane). Lo si può notare sul lato sinistro del grafico dove il FDAX lascia il range il 6 e il 7 luglio per raggiungerlo di nuovo dopo il weekend del 10 luglio (e anche per rispettarlo!).

Quindi segue una mossa al rialzo (il 12 luglio), dopodiché il DAX va in laterale due giorni dopo (13-14 luglio). Quindi, il 17 e il 18 luglio, un movimento al ribasso riporta il DAX nel range dal 4 luglio al 6 luglio, come se nulla fosse accaduto.

Un trader di giornata, che di tanto in tanto osserva il grafico orario, avrebbe notato questo comportamento. Avrebbe così ottenuto almeno qualche indicazione per i massimi e i minimi nel suo giorno di trading.

La riconquista di un vecchio range è più frequente di quanto ci si potrebbe aspettare. I mercati potrebbero essere in grado di "richiamare" un vecchio range laterale settimane dopo, in casi estremi fino a uno o due mesi.

Pertanto, se si vuole conoscere un po' meglio il proprio "trading di giornata", è consigliabile guardare l'azione sul grafico orario e sul grafico a 4 ore. Si troveranno sorprendenti coincidenze che potrebbero aiutare a determinare i possibili punti di pivot durante il day trading. Se si utilizzano strumenti come i grafici heikin ashi, ci sono buone possibilità di identificare entrate precise (e uscite) su un grafico a 5 minuti. Questo è uno dei grafici più popolari per i trader giornalieri. Pertanto, esaminiamo un grafico intraday del 5 luglio 2017.

Immagine 31: FDAX, Grafico a 5 minuti, 5 Luglio 2017

Dopo un range stabilito il 3 luglio e il 4 luglio, che andava bene per circa 60 punti FDAX, un trader di giornata avrebbe potuto trarre beneficio da questa conoscenza e osservare gli eventi ai due limiti del range (linee orizzontali).

Vediamo sul grafico a 5 minuti che il FDAX era al limite inferiore dell'intervallo poco prima dell'apertura della borsa di Francoforte (9.00 CET). Inizialmente, ha sfondato il supporto nel breve termine, ma nessuno dei tentativi dei venditori si è dimostrato sostenibile. Il prezzo di chiusura delle candele è rimasto sopra il limite inferiore. Questa è, ovviamente, un'indicazione iniziale per il day trader che potrebbe eventualmente andare nella direzione opposta. Il limite superiore dell'intervallo, 60 punti DAX più in alto, sarebbe l'obiettivo di un possibile movimento verso l'alto. Qualche minuto più tardi (poco dopo l'apertura di Francoforte) si è verificata questa mossa che ha colpito l'obiettivo dopo 20 minuti.

Il mercato ha colpito il target e ha provato "un breakout", che si è rivelato anche un "falso breakout" mezz'ora prima. Il trader di giornata ottiene di nuovo un'informazione importante che il range potrebbe continuare a contenere i prezzi. Certo, non si può mai essere sicuri di questo. Tuttavia, le candele di heikin ashi mostravano due inutili tentativi di superare la resistenza; quindi il trader potrebbe aprire una posizione short sulla linea di resistenza con obiettivo il limite inferiore (la freccia rossa sopra). Quest'idea si è rivelata proficua, visto che mezz'ora dopo il DAX era di nuovo esattamente posizionato all'apertura del mercato (sulla linea di supporto).

Inoltre, il mercato è rimasto entusiasmante. Per la seconda volta, i venditori hanno cercato di spingere il FDAX al di sotto del range, fallendo nuovamente. Questa era un'altra indicazione che un trader di giornata poteva usare per fare un altro tentativo long sulla linea di supporto. Sebbene questa valutazione si sia rivelata corretta, il FDAX non ha raggiunto l'obiettivo di prezzo tanto velocemente quanto le prime due volte. È stato necessario raggiungere la chiusura del trading (22.00 orologio CET) perché il FDAX raggiungesse il limite superiore. Pertanto, un trader potrebbe realizzare tre volte 60 punti nel FDAX, che corrisponde a 4500 euro per contratto.

In pratica, so che target del genere (molto tardi) nel day trading sono difficili da raggiungere. Dopotutto, il trader vuole prendersi una pausa. È comunque possibile operare utilizzando più di un contratto. Se il FDAX è troppo costoso, si può sempre passare al nuovo mini-DAX future. Come si può vedere, il mercato si è spostato per il resto della giornata all'interno del range. In questi casi, raccomando la tecnica di ridimensionamento. Se il trader è long con tre contratti, può vendere il primo contratto a mezzogiorno, il secondo dopo l'apertura dei mercati americani, e il terzo con uno stop all'entrata.

Immagine 32: EUR/USD, Grafico a 1 minuto, 21 Luglio 2017

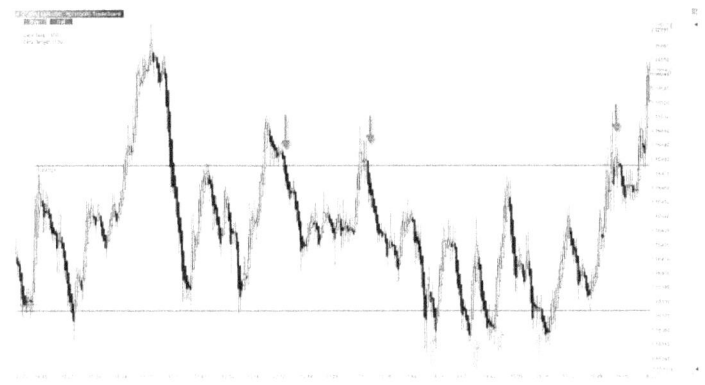

Lo scalping ha anche molto a che fare con il trading di range. Direi anche che lo scalping funziona molto bene qui perché il range segna chiaramente "il campo di trading" come si può vedere nel grafico EUR/USD riportato. Il range in questo caso era largo solo 10 pips. Consiglio di fare trading su intervalli così ristretti solo se esistono ottime condizioni nel Forex. Chi paga uno spread di un pip paga il 10% del range e potrebbe avere difficoltà ad ottenere un profitto.

Tuttavia, se si paga solo 0,2 o 0,3 pips, può essere utile fare scalping di tale portata, come mostrano chiaramente i segnali nella tabella. Dei sette segnali, solo il terzo segnale short (la freccia rossa in alto a destra) ha provocato una perdita. Qui la coppia EUR / USD è riuscita a uscire dal range.

Per gli altri segnali, uno scalper potrebbe guadagnare bene. Tuttavia, in questo esempio, diverse operazioni chiaramente non hanno raggiunto l'obiettivo di prezzo. Solo due operazioni hanno raggiunto l'altra estremità del range.

Pertanto, è bene considerare che lo scalping è un metodo molto diverso rispetto al day trading o allo swing trading. Uno scalper deve imparare a fare rapidi profitti. Vediamo, ad esempio, con i quattro segnali long (le frecce verdi, in basso a destra) che il mercato ha raggiunto la metà dell'intervallo. Le candele di heikin ashi si sono trasformate in nere e presto sono tornate indietro o si sono un po' consolidate, come nel caso del primo segnale di acquisto (freccia a sinistra).

Anche se l'obiettivo di prezzo era il limite superiore del range, a questo punto lo scalper dovrebbe cercare di realizzare i guadagni. Se il mercato gli dà cinque pips, dovrebbe prenderne cinque. Se il mercato gliene dà tre, allora dovrebbe prenderne tre. Ottimisticamente parlando, un buon scalper può fare da 15 a 20 pips in un mercato del genere. Inutile dire che se si lavora con uno o due mini lotti ($ 10.000), non ci si potrà certo guadagnarsi da vivere.

Tuttavia, i rischi in ogni posizione sono molto gestibili. Se lo scalper rischia solo la metà dell'intervallo (5 pips), rischia solo $ 50 per ogni contratto standard ($ 100.000). Gli scalpers professionisti amano operare con pochi milioni su tali mosse minime. Se un tale scalper realizza 10 pips con 10 contratti standard, allora guadagna $ 1.000 quel giorno. Mi sembra un reddito ragionevole.

Inoltre, consideriamo che le tecniche di ridimensionamento sopra menzionate di solito non funzionano per gli scalper. Scalping significa ottenere una piccola porzione da un movimento di mercato. Prendete ciò che il mercato vi offre e scappate con i soldi. Anche se il mercato si sposta di altri 10 punti dopo l'uscita dal trade. Raramente sarete in grado di operare sull'intero movimento.

Immagine 33: EUR/CHF, Grafico a 3 minuti, 21 Luglio 2017

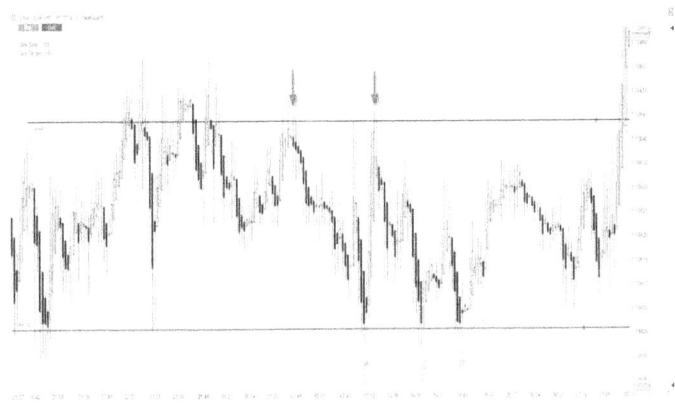

Mercati di scalping molto speciali sono i cosiddetti "mercati notturni nel Forex". Con "notturni", intendo ovviamente nella notte europea e nella serata americana. La volatilità nel forex è bassa in questo momento, e a volte vale la pena guardare le coppie di valute, che per lo più hanno una bassa volatilità come EUR/CHF o EUR/GBP.

Spesso questi mercati si muovono in range così ristretti che difficilmente li abbandonano, come mostra l'esempio sopra in EUR/CHF. Questo range era largo solo 4,5 pips. Naturalmente, esso è fuori questione per la maggior parte dei trader, ma gli scalper intelligenti con ottime condizioni di mercato potrebbero dare un'occhiata seria a mercato del genere. Dopo tutto, ci sono stati cinque segnali in questo esempio per un periodo di quattro ore, tre delle quali hanno raggiunto l'obiettivo di prezzo.

Certamente, una cosa del genere è per persone molto specializzate che operano nel mercato con posizioni elevate (a partire da $ 1.000.000). Inoltre, se si è europei, si dovrebbe quantomeno essere "persone notturne" per fare trading con il franco svizzero nel bel mezzo della notte. Per gli americani, è una bella attività serale. Pertanto, anche le persone con un lavoro potrebbero provarlo.

Glossario

Indice azionario: indicatore della performance del mercato azionario nel suo complesso o dei singoli gruppi azionari (ad esempio Dow Jones Industrials)

AUD / USD: rapporto di cambio tra il dollaro australiano e il dollaro USA

Obbligazioni: titoli che generano interessi

Bracket-Order: il trader può ridurre la perdita in anticipo e determinare la quantità del guadagno potenziale

Breakeven: soglia di profitto

Broker: fornitore di servizi finanziari che è responsabile per l'esecuzione degli ordini degli investitori

Candlestick: rappresentazione delle variazioni di prezzo sulla base di una tecnica di analisi giapponese

Commissioni: costi sostenuti per l'acquisto e la vendita di titoli o contratti futures

DAX: indice azionario tedesco

Trading di giornata: descrive il trading speculativo a breve termine di titoli. Le posizioni vengono aperte e chiuse nello stesso giorno di trading, con l'obiettivo di beneficiare delle moderate fluttuazioni dei prezzi

Doji: formazione Candlestick in cui i prezzi di apertura e chiusura sono identici

Drawdown: perdite che possono sorgere dal picco di prezzo entro un certo tempo

E-Mini Future: contratto future sull'indice americano SP500

Strategia di ingresso: una strategia che determina l'ingresso in un mercato

Aspettativa: indicatore che mostra la media dei risultati quando l'esperimento viene ripetuto indefinitamente

EUR / CHF: rapporto di cambio tra l'euro e il franco svizzero

EUR / GBP: rapporto di cambio tra l'euro e la sterlina

EUR / JPY: rapporto di cambio tra l'euro e lo yen giapponese

EUR / USD: rapporto di cambio tra l'euro e il dollaro USA

Eurostoxx50 Future: Future sull'indice azionario, che include le 50 più grandi società quotate dell'Eurozona

Strategia di uscita: una strategia che determina l'uscita da un mercato

FDAX: contratto future sull'indice azionario tedesco (DAX)

Forex: Forex Exchange Market, mercato internazionale dei cambi

Futures: Contratto futures - Contratto standardizzato per l'acquisto o la vendita di una determinata quantità di beni, ad un prezzo fisso, ad una certa data

Gap: salto di prezzo tra due giorni di trading

GBP / JPY: rapporto di cambio tra la sterlina inglese e lo yen giapponese

GBP / USD: rapporto di cambio tra la sterlina inglese e il dollaro USA

Heikin Ashi Grafico: giapponese "Bilanciamento su un piede". Rappresentazione giapponese delle variazioni di prezzo

Tasso di successo: il tasso di successo indica il rapporto tra le operazioni in profitto e quelle in perdita

Decisione sul tasso di interesse: descrive un evento in cui le banche centrali annunciano la decisione sull'evoluzione dei tassi di interesse

Curva di apprendimento: descrive il tasso di successo dell'apprendimento nel corso del tempo nel trading

Ordine limite: ordine con un prezzo fisso e /o tempi fissi per l'esecuzione

Liquidità: descrive la facilità con cui i titoli possono essere acquistati e venduti in qualsiasi momento

Long: andare long significa comprare e detenere titoli

Lotto: un lotto è l'unità di trading per il trading in valuta estera (Forex) e nei mercati futures. Nel Forex, un lotto è un normale contratto per 100.000 unità della valuta base (basis), vale a dire, per la coppia di valute EUR / USD è un lotto per US $ 100.000

Money management: ovvero la gestione del denaro è una strategia a valore aggiunto che mira a controllare il rischio di un portafoglio titoli fissando la dimensione delle singole posizioni di trading

Pin bar: nel caso di una pin bar, un movimento precedente in una direzione viene esaurito e un nuovo movimento parte nella direzione opposta

Pip: percentuale in punti, il più piccolo cambiamento nel prezzo nel trading in valuta estera

Target di prezzo: un prezzo di borsa che i titoli dovrebbero raggiungere secondo un'analisi

Intervallo: area di prezzo in cui un mercato si muove lateralmente

Resistenza: livello di prezzo sul quale i venditori sono superiori rispetto ai compratori

Risk management o gestione dei rischi: comprende tutte le misure per l'identificazione, l'analisi, la valutazione, il monitoraggio e il controllo dei rischi sistematici

Rapporto rischio / rendimento (RRR): l'RRR funge da indicatore della significatività di un investimento. Viene calcolato dividendo la redditività attesa per la massima perdita possibile (stop loss).

Round turn: transazione completata in cui un titolo è stato acquistato e rivenduto

Scalping: tecnica di trading, in cui il trader cerca di operare con movimenti minimi nel mercato

Posizione short: un trader è short quando vende una posizione senza possederla (vendita allo scoperto)

Segnale short: segnale di trading che suggerisce una vendita allo scoperto

Slippage: la differenza tra il prezzo praticato e il prezzo effettivo applicato nell'acquisto di titoli

Spinning Top: schema grafico con un corpo piccolo e lunghe ombre

Spread: differenza tra prezzi di acquisto e di vendita

S&P500 (Standard & Poor's 500): indice azionario comprendente 500 delle più grandi società americane quotate

Stop Loss Order: ordine di vendita, che viene eseguito non appena viene raggiunto un determinato prezzo

Supporto: il livello di prezzo sul quale si presentano più acquirenti che venditori

Take Profit Order: ordine di realizzazione automatica dei profitti, che viene attivato non appena viene raggiunto un target di prezzo predefinito

Tic: il più piccolo cambio di prezzo su un mercato future

Stop time: questo ordine chiude automaticamente una posizione dopo un numero predefinito di periodi

T-Note Future: future sui titoli di stato americani con scadenza 2, 3, 5, 7 e 10 anni

Trailing Stop: definisce automaticamente l'ordine di stop loss

Trend following: strategia di trading basata sul seguire un trend definito a priori

USD / CAD: rapporto di cambio tra dollaro USA e dollaro canadese

USD / CHF: rapporto di cambio tra il dollaro USA e il franco svizzero

USD / JPY: rapporto di cambio tra il dollaro USA e lo yen giapponese

Volatilità: deviazione standard: indica quanto fluttua un prezzo

Altri libri di Heikin Ashi Trader

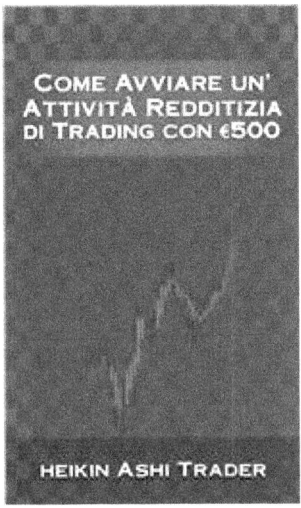

Come avviare un Business di Trading con $ 500

Molti nuovi operatori hanno poco capitale disponibile all'inizio, ma questo non rappresenta comunque un ostacolo per iniziare una carriera di trading. Tuttavia, questo libro non parla di come far crescere un conto di 500 $ in un conto di 500.000 portano la maggior parte dei principianti al fallimento.

Invece, l'autore descrive in modo realistico, come si può diventare un trader a tempo pieno a dispetto di un capitale iniziale limitato. Questo vale sia per i trader che vogliono rimanere privati, sia per coloro che vogliono finalmente fare trading con i fondi dei clienti.

Questo libro mostra passo a passo come fare. Inoltre, è un piano d'azione concreto per ogni passaggio. Chiunque può essere un trader in linea di principio, se disposto/a ad imparare come funziona questo business.

Contenuto

1. Come Diventare un Trader con Soli $ 500 sul Conto?

2. Come Acquisire Buone Abitudini di Trading?

3. Come Diventare un Trader Disciplinato

4. La Fiaba dell'Interesse Composto

5. Come fare Trading su un conto di $ 500?

6. Trading Sociale

7. Parlate con il Vostro Broker

8. Come Diventare un Trader professionale?

9. Trading per un Hedge Fund

10. Imparare a fare gruppo

11. Diventare un Trader Professionale in Sette Passi.

12. $ 500 sono un Sacco di Soldi.

Come fare scalping sui Futures Mini DAX?

Grazie all'introduzione dei futures Mini-DAX (FDXM) gli operatori privati con i conti più piccoli hanno l'opportunità di fare scalping sull'Indice Tedesco DAX in termini professionali. A differenza di molti altri strumenti di trading, i futures sono il modo più trasparente ed efficace per fare soldi nei mercati finanziari.

Gli scalper hanno opportunità di trading infinitamente maggiori rispetto ai trader di posizione o giornalieri, che costituiscono il vero punto di forza di questo stile di trading. Uno scalper può quindi gestire il suo capitale in modo molto più efficace di tutti gli altri operatori del mercato e, quindi, ottenere rendimenti decisamente maggiori.

Heikin Ashi Trader mostra in questo libro come fare scalping con successo su questo nuovo future DAX. Imparerete come entrare nel mercato, come gestire la vostra posizione e qual è il punto in cui si deve tornare indietro. Inoltre, il libro contiene una vasta range di suggerimenti e strumenti per rendere il vostro trading ancora più efficace e preciso.

Sommario

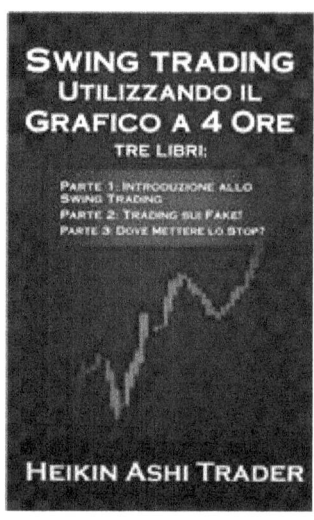

Swing Trading con il grafico a 4 ore

3 Libri

Parte 1: Introduzione allo Swing Trading

Lo swing trading è troppo veloce per gli investitori e troppo lento per i trader di giornata. Si svolge in un lasso temporale in cui si trovano pochissimi trader professionisti ad operare.

Gli swing trader solitamente utilizzano i grafici a 4 ore. Questo periodo si posiziona esattamente tra il periodo tipico dell'investitore e quello del trader di giornata. Gli swing trader sono inclini all'incertezza e questo è un bene, perché qui si è quasi soli.

Questo eBook descrive il metodo di swing trading di Heikin Ashi Trader. È ideale per gli investitori individuali che non vogliono passare tutta la giornata davanti allo schermo del computer.

Contenuto

Parte 2: Trading sui Fake!

Nella seconda parte della serie "Swing Trading con il grafico a 4 ore", il trader HeikinAshi Trader parla del fenomeno dello stop fishing e dei Fakeouts, così come dei tanti inganni messi in campo dai principali attori del mercato e dagli algoritmi dei mercati finanziari di oggi. Questi spesso sembrano essere più la regola che l'eccezione.

Contenuto

Parte 3: Dove mettere lo stop?

Nella terza parte della serie sullo "Swing Trading con il grafico a 4 ore", il trader Heikin Ashi risponde alle domande in merito a dove posizionare lo stop. Una volta che un trader introduce lo stop nel suo sistema, la sua percentuale di successo si deteriora. Tuttavia, allo stesso tempo guadagna pieno controllo nella gestione del trading. Gli stop sono, pertanto, non inevitabili ma parte integrante di un sistema orientato al profitto.

Sommario

1. Gli stop sono necessari?

2. Che cos'è un Ordine Stop Loss?

3. Gestione dello Stop

4. Fate il vostro gioco

5. Limitate le perdite

6. Lasciate arrivare i profitti

7. Gestione dello stop nei mercati in trend

8. Gestione dello stop con gli obiettivi di prezzo

9. Lo tsunami franco svizzero, un momento di guarigione per la comunità dei trader

10. Quante posizioni si possono mantenere aperte contemporaneamente?

Glossario

Sull'autore

Heikin Ashi Trader è lo pseudonimo di un trader che possiede più di 16 anni di esperienza nel trading giornaliero sui futures e sui mercati esteri. Si è specializzato in scalping e day trading veloce. In aggiunta a questo, ha pubblicato vari libri auto-esplicativi sulle sue attività di trading. Gli argomenti più popolari sono: scalping, swing trading, gestione del denaro e del rischio.

Stampa

Pubblicato da:

DAO Press, LLC

Plaza de San Cristobal, 14

03002 Alicante

Spagna